历史文化名镇　　天下第一会馆

中国赊店山陕会馆

赵静 著

中州古籍出版社

图书在版编目（CIP）数据

中国赊店·山陕会馆 / 赵静编著. -- 郑州：中州古籍出版社，2013.1
ISBN 978-7-5348-4145-3

Ⅰ.①中… Ⅱ.①赵… Ⅲ.①会馆公所-介绍-社旗县 Ⅳ.①K928.71

中国版本图书馆CIP数据核字(2013)第016194号

责任编辑：	王小方　　赵　静
装帧设计：	张　伟　　张　茜
出 版 社：	中州古籍出版社
	（地址：郑州市经五路66号　邮政编码：450002）
发行单位：	新华书店
承印单位：	南阳市冠华印务有限公司
开　　本：	370mm×260mm　1/16　印张：13
字　　数：	101千字　　　　印数：1-3000册
版　　次：	2013年1月第1版　印次：2013年1月第1次印刷

定　价：88.00元

本书如有印装质量问题，由承印厂负责调换。

序

社旗县历史悠久，文化底蕴丰厚。县城所在地赊店镇是中国历史文化名镇，中国特色景观旅游名镇。赊店镇古称赊旗店，因光武帝刘秀在此赊"刘记"酒旗反王莽而得名，始于汉，兴于明，盛于清，至今已有1900多年的历史。古镇潘、赵两河环绕，"依伏牛而襟汉水，望金盆而鞠琼浆，仰天时而居地利，富物产而畅人和"，是明清时期中原四大商业重镇之一，中国近代商会文化的发源地。

我生活在古镇上，熟悉镇内的山陕会馆、广盛镖局、厘金局、蔚盛长票号、福建会馆、戴家大院、火神庙、瓷器街等众多的文物古迹，其中古建筑群"山陕会馆"是全国重点文物保护单位，始建于清乾隆二十一年（1756），竣工于光绪十八年（1892），历经6帝136年。会馆建筑规模宏大，装饰艺术美轮美奂，商业文化内涵博大精深，被誉为"辉煌壮丽，天下第一"。在山陕会馆我工作和学习了16个年头，从事讲解教育工作，使我对会馆有一种特殊的感情，一直以来社旗山陕会馆都没有一本系统介绍的图书，这始终是个遗憾。编写一本这样的书是我多年的夙愿，只是心有余而力不足只能从讲解的角度将会馆的建筑和内涵一一介绍给大家。经过努力，终于完成了拙作。在编写过程中徐东、赵万哲、宋永胜等老师给予了极大的帮助，尤其是图片资料和会馆故事的搜集，得到了广大摄影爱好者和故事提供者的大力支持，在这里表示真诚的感谢。

《中国赊店山陕会馆》一书，内容包括山陕会馆的历史沿革、单体古建筑介绍、会馆庙会盛况、会馆珍藏绣品展示、匾额碑碣以及雕刻在会馆中的精美故事等。既有史料辑录，又有文献选辑等。全书采用图文并茂的形式，引领读者走进会馆去体会她带给您的震撼。学术、史料并蓄，文学、传说兼容，具有一定的资料性、趣味性和欣赏性。

2012年盛夏于会馆

国家文物局原局长吕济民题词

社旗山陕会馆
艺术辉煌
绝无仅有
吕济民题

国家政协原副主席胡绳题词

吸收前人经商经验
发展社会主义市场经济
一九九七年四月十八日
胡绳 于社旗

故宫博物院原副院长单士元题词

辉煌壮丽甲天下

少在癸酉年重华十九届山陕
会馆题词

我国著名古建筑专家郑孝燮、罗哲文题词

高楼杰阁巧夺天工
榱朋细琢锦绣装成
公输匠艺北裁斯馆
社旗山陕会馆面念
郑孝燮
罗哲文 一九九七年

社旗山陕会馆平面图

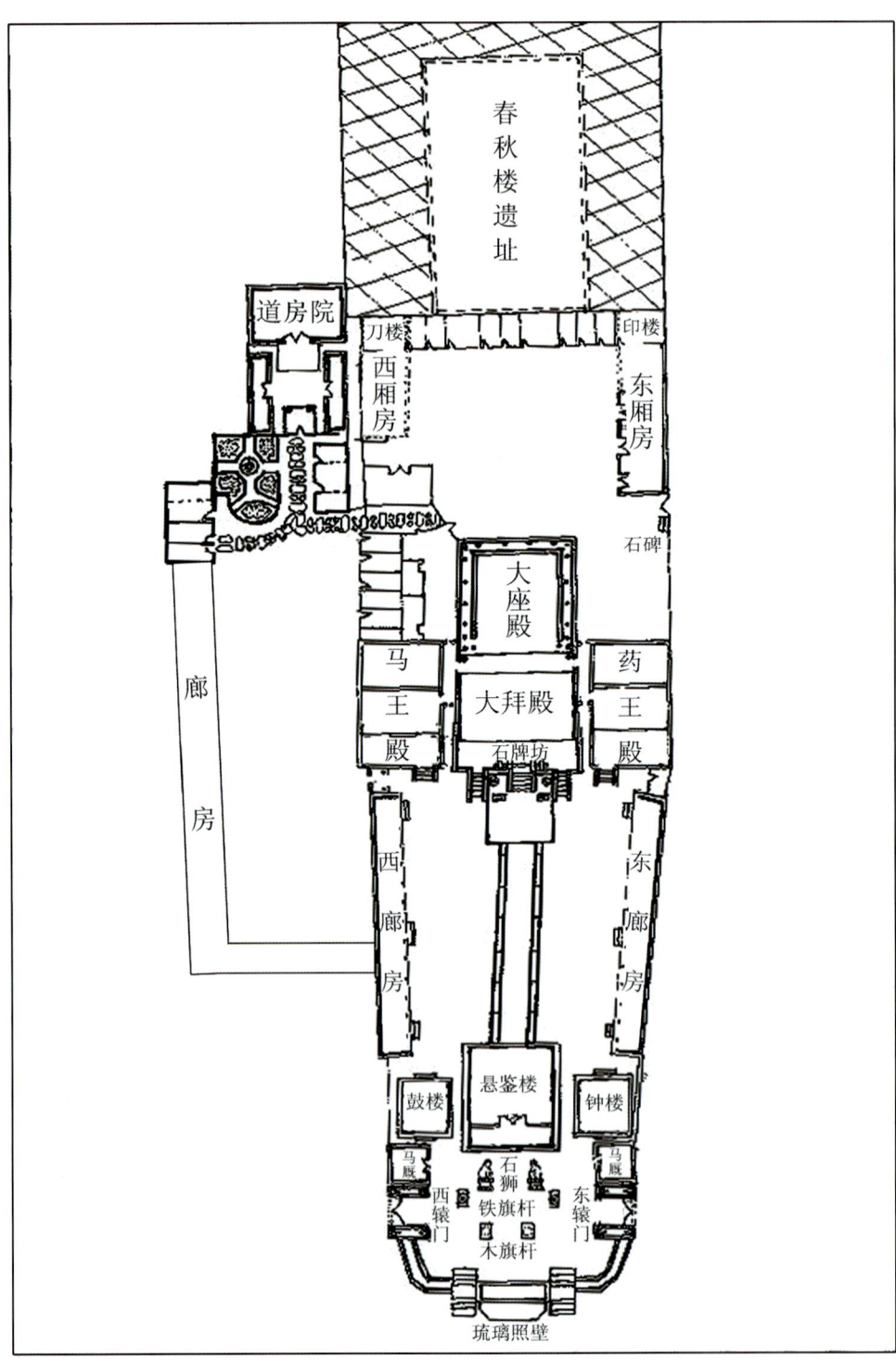

目 录

建筑篇

琉璃照壁 9

霄汉铁旗杆 13

石狮子 15

东西辕门 16

悬鉴楼 22

钟鼓二楼 29

万人庭院与东西廊房 31

石牌坊 35

大拜殿与大座殿 43

药王殿与马王殿 52

春秋楼遗址 53

道房院 54

会馆庙会 55

雕刻篇

雕刻在会馆中的精美故事 62

白猿盗桃 63

刘海戏金蟾 65

鸿门宴项庄舞剑 68

李白骑鲸 71

赵颜求寿 75

张良纳履 78

赵匡胤输华山 81

吴牛喘月	86
孟母教子	87
苏秦归家	90
五老观太极	93
苏武牧羊	96
萧史弄玉	100
文人雅士"八爱图"	103
俞伯牙爱琴	103
嵇康爱竹	106
王羲之爱鹅	108
陶渊明爱菊	112
孟浩然爱梅	115
林和靖爱鹤	118
米元章爱石	121
周敦颐爱莲	123
珍贵的碑文	126

匾额楹联篇
| 会馆的匾额与楹联 | 136 |

刺绣篇
绣品"盘金五龙"桌围	168
绣品"十八学士"绰檐	169
绣品"群仙会"绰檐	170
绣品"二十四孝"绰檐	171
"二十四孝"故事	172

社旗山陕会馆位于河南省南阳市东北45公里的社旗县赊店镇中心，赊店镇古称"赊旗店"，是因东汉光武帝刘秀在此赊旗起兵而得名。它始于汉，兴于明，盛于清，历史悠久，文化厚重，距今已经有1900多年的历史。

历史上，赊店镇的地理位置十分优越，潘、赵两河环绕，水陆交通便利，到明清时期就发展成为"地濒赭水，北走汴洛，南船北马，总集百货"的豫南巨镇。古镇按皇城规制修建，城墙高3丈，周边长10里，并设有9座城门。曾经有"金汉口，银赊店"的记载。赊店镇在清乾隆嘉庆年间，商业发展犹为鼎盛，

在1.95平方公里的镇内,全国南九北七,十六省的商人云集此地经商,大小商号900多家,流动人口13万之多,72条街分行划市经营,21家骡马店,48家过载行,熙熙攘攘,日夜不停,成为南北16省通商的码头,古有"天下店,属赊店"的说法。当时各地商人为了同乡联谊,互通商情,合力发财,在赊店镇内建立的同乡会馆就有10余座。

山陕会馆,最早的时候是以同乡会的形式来组建,由清朝最早寓居赊店并位于全镇商业领袖地位的山西、陕西两省商贾为了"敬乡神、安旅故、叙乡

谊、通商情、立商规、兴义举"而集巨资兴建。会馆始建于清乾隆二十一年（1756），三期工程经嘉庆、道光、咸丰、同治、至光绪十八年（1892）竣工，历经六帝历时136年。整个建筑座北向南占地1.3万多平方米，建筑面积6235.2平方米，分前中后三进院落。会馆除以建筑宏伟，装饰华丽著称之外，厚重的商业文化和商会文化亦展现得淋漓尽致，成为"中国民间商会"的鼻祖之地，享有"天下第一会馆"的美誉。从而风标独树，是全国现存80余座商业会馆建筑中的杰出代表。

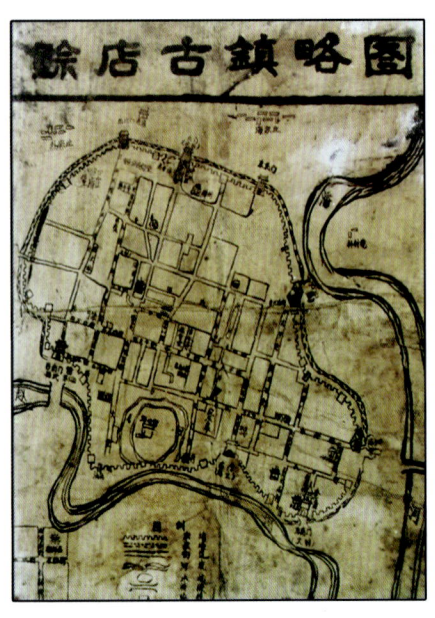

山陕会馆远眺

大拜殿垂兽

社旗山陕会馆在全国同类会馆建筑中,是建筑工期最长、保存最为完整、商业文化内涵最为丰富的一座会馆,和全国各地著名的宫殿式古建筑一样,主要建筑艺术品都集中在一条中轴线上,整齐有序,肃穆威严,次要建筑对称分布在两边,布局严谨,各得其所。

明清一条街——瓷器街

建筑篇

琉璃照壁

琉璃照壁，俗称"九龙壁"，位于会馆整体建筑的最南端。壁高10.15米、宽10.60米、厚1.46米，由琉璃方砖砌造而成。照壁南面图案在战乱中遭到破坏，后又修补成三幅砖雕图案："凤立牡丹""五龙捧圣""鹤立青莲"。照壁北面为正面，由476块琉璃构件镶嵌而成，基部为青石须弥座，上雕"蝠、寿"图案，寓"福寿双全"。整个壁面以双层竹节为框，其正上方嵌"义冠古今"四个金黄色古写隶书，庄严肃穆灿灿生辉，表达了山陕商人对同乡关公

琉璃照壁北壁

"忠义"精神的赞美,会馆内敬俸"关公",又称"关公祠"。两边分别嵌"经壁辉光媲美富,羹墙瞻仰对英灵""浩气已吞吴并魏,庥光常荫晋与秦"两副对联,同时表达了山西、陕西商人对"关公"的仰慕追念之情。"义冠古今"楣额四周饰缠枝牡丹,两侧以12个"福"字作陪衬,寓一年12个福月,福财满乾坤的美好祝愿。其下方嵌一神兽——白泽,造型为向前俯视,突出

琉璃照壁局部

壁面。白泽为神话传说中的山水神兽,能言洞知神鬼及世间万物之事。再往下为三幅大型砖雕图案。正中图案为八边形,内雕"二龙戏珠"及"鲤鱼跳龙门"。龙门呈阁楼状,一条鲤鱼龙门东侧现鱼尾,西侧贯似龙身,形成了"龙身鱼尾"的独特造型,龙体升腾而上,与"二龙戏珠"共戏一只巨大金黄色蜘蛛(蜘蛛同"珠"),商人们也希望自己的贸易通道像蛛网一样四通八达。

照壁局部 鹤立青莲　　照壁局部 五龙捧圣　　照壁局部 凤立牡丹

传说,在山西省河津县西北和陕西省韩城市东北,黄河至此惊涛骇浪,两岸峭壁对峙,行如门阙,这就是传说中的龙门。每年季春,黄河大鲤鱼集龙门数千,跳过龙门则变化成龙,所以鲤鱼跳龙门被比喻成逆流向前奋发向上;也比喻那些中举升官等飞黄腾达之士,龙门成了科举试场的代名词,所以有"欲到龙门看风雨,一登龙门声誉十倍的感叹"。表达了晋秦商人除了使自己的生意兴隆之外,也希望自己的子孙能够金榜题名、光宗耀祖的美好愿望。东侧图案为"四狮斗宝"图,取材于民间的娱乐游戏形式,图中四只雄狮上下盘旋而舞,嬉戏争斗一颗宝珠。上方高高的山崖上立一袍服之人,画面动静结合,意境隽美。西侧图案为"狮麒争斗"图,内雕一只威武雄壮的麒麟正与一头雄狮咆哮相斗,上部以青山绿水、农夫牵牛、渔夫撒网、

照壁神兽——白泽

照壁局部　鲤鱼跳龙门、二龙戏珠

樵夫担柴、书生捧读的"渔樵耕读"图作装饰，情景交融。

　　整个照壁，设计巧妙，色彩绚丽，内容丰富，既给人以直观的美感享受，又富有厚重的文化内涵，构成了中国照壁装饰艺术不拘一格的独特风格。

照壁脊饰　狮驮宝瓶

照壁局部　四狮斗宝

霄汉铁旗杆

铁旗杆一对，东西对称，矗立于悬鉴楼前。铁旗杆下为青石须弥座基，四周雕刻天马、麒麟、神牛等异兽。须弥座上分别铸有雌、雄两铁狮，四足站立，体型硕健，昂首挺胸而立，方嘴巨目，双狮首内转45度，恰与游人目光相遇，其尾上翘后向北水平折转，

铁　狮

铁旗杆

铁狮铭文局部

形象奇特。旗杆下粗上细穿狮而过，直插云天，据铁狮双侧铭文记载："清嘉庆二十二年，献山陕庙铁旗杆一对，重五万余斤，永保平安，吉祥如意。"关于铁旗杆的铸造方法传说为"堆土分节法"铸造而成。旗杆上铸大小不等的三个镂空云斗,每个云斗四角上挂铁旗，下悬风铎。"上云斗"最小，四面为镂空古钱币造型，迎合了商人希望"财高八斗"的心愿。云斗间行龙缠绕，最顶端分别立一只展翅欲飞的凤鸟。铁旗杆为会馆增添了庄严威武的气氛，整体艺术造型给人既玲珑又壮观的美感享受。

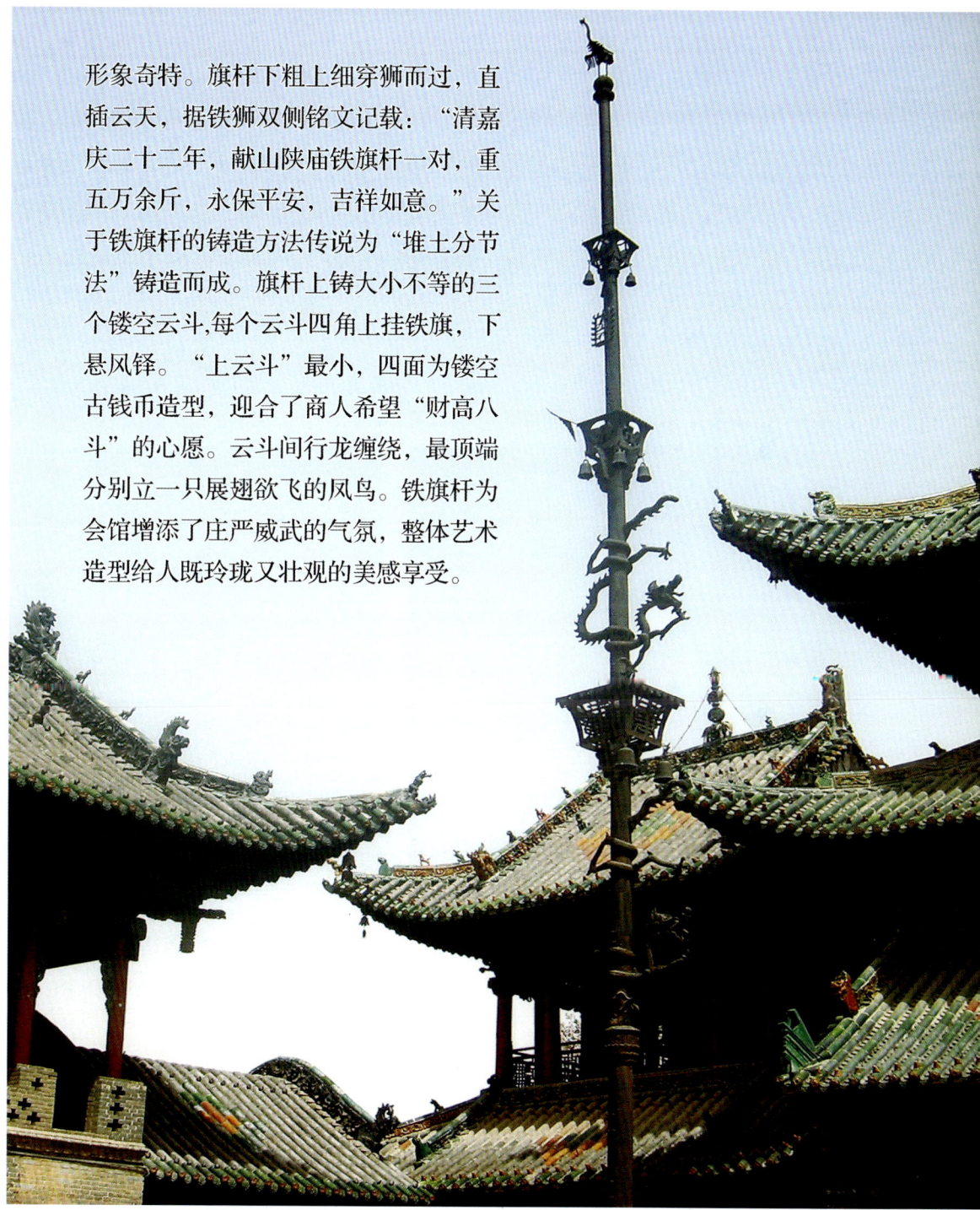

石 狮 子

　　石狮子一对,分立于会馆山门前,狮体肥硕,肌腴丰满,半坐半立,两厢呼应。东侧为雄狮舞绣球,西侧为雌狮,只见它怀抱幼狮,身背幼子,雌狮神情温柔慈祥,幼狮机灵活泼可爱。雌雄两狮侧身欠体直立于青石须弥座上,面部含笑,威武之中蕴含着妩顺。山陕会馆山门前能有这样一对独具匠心的石狮,大概是由于山陕商人希望能够和气生财,所以狮子少了几分威严和霸气,而多了许多友好的人情味吧。

雌狮抚幼子

雄狮舞绣球

东 西 辕 门

　　山陕会馆敬祀武圣关公，因此在会馆前院东西对称建辕门两座，拱形门道，威严庄重，是最早官员出入会馆的通道。据记载赊旗店"厘金局"的委员，官品高达

西辕门东侧

东辕门外景

三品道台，他每逢亲临会馆时，都要广开东西辕门，以示尊贵。辕门上层设计成古城楼，由12根木柱高高擎起，气势宏伟。辕门内楣上分别嵌有两块匾额，东为"升自阶"，西为"阅其履"，教化人们要传承关公的"忠孝诚信""仁勇义刚"的美德，像关公那样一步一个台阶，步步高升的同时，要回过头来总结经验吸取教训。

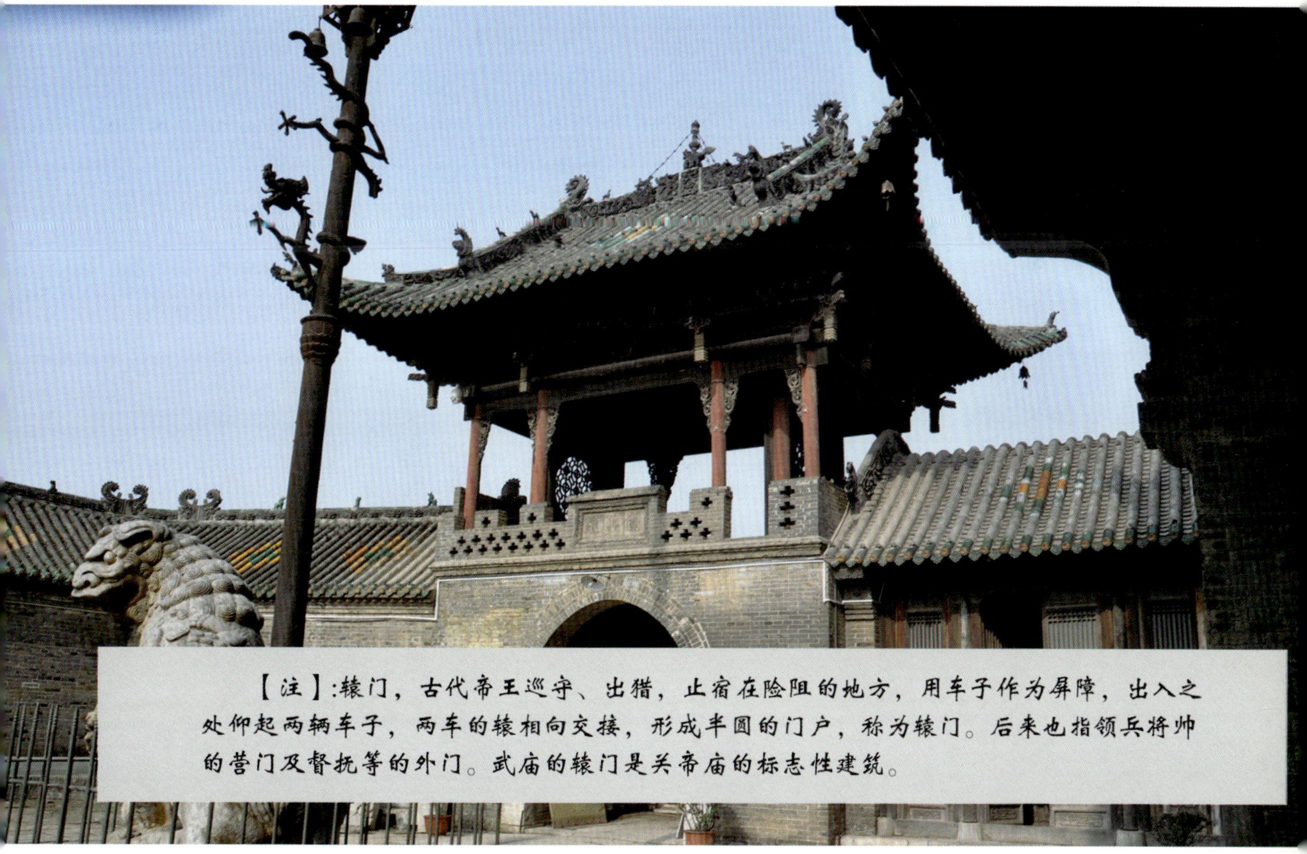

【注】：辕门，古代帝王巡守、出猎，止宿在险阻的地方，用车子作为屏障，出入之处仰起两辆车子，两车的辕相向交接，形成半圆的门户，称为辕门。后来也指领兵将帅的营门及督抚等的外门。武庙的辕门是关帝庙的标志性建筑。

悬鉴楼山门

悬鉴楼北侧

悬鉴楼

　　悬鉴楼，又名"八卦楼"，为会馆的戏楼。兴建于清嘉庆元年（1796），竣工于清道光元年（1821），历时25年。悬鉴楼为一体两面勾连搭结构，三重檐歇山式建筑，面南为山门，面北为戏台，环楼上下满布木石雕刻图案，是会馆戏楼建筑的珍贵遗存。

　　山门为朱红色，门上嵌金黄色铜扣，威严庄重。两侧墙裙嵌置四块人物故事精美石雕，分别为"杯羹之让""圯桥纳履""赵子龙大战长坂坡"及"刘备马跃檀溪"，人物形象生动，场面气势宏伟。山门前檐及雀替上都以高超的透雕手法装饰以木雕图案《八仙庆寿》《赵炎求寿》《张良纳履》故事和缠枝牡丹等。会馆建成之后，秦晋两地商人为了显示自己的经济实力，把会馆所有木雕图案包括斗拱，都用"镏金"作装饰，建筑流光溢彩，金碧辉煌。遗憾的是现今裸露在外部的彩绘图案失去了往日的风采。

北面戏台，台口高2.7米，下层与山门相通为敞开式通道，二层为戏台，后部以木屏风相隔为化妆间。台口由四根巨型石柱将三层八角重檐凌空挑起。柱身分别刻有两副对联，内联为"幻即是真世态人情描写得淋漓尽致；今亦犹昔新闻旧事扮演来毫发无差。"是说剧本、演员相得益彰。外联为"还将旧事从新演；聊借俳优作古人。"是借古喻今，教化后人。两副对联把戏台的深层文化内涵阐释的恰到好处，为戏楼的题眼所在。在这里，古人把戏楼比作一面镜子"以古为鉴"，飞檐下高悬的"悬鉴楼"巨匾，就独具匠心了。此匾以透雕"暗八仙"和各类八宝吉祥器物做边框装饰，衬以黑色底面，字体镏金，笔锋奇肆，潇洒遒劲，向为书法家所推崇。《新唐书·魏征传》中有"帝后临朝，叹

悬鉴楼戏台

曰：'以铜为鉴，可正衣冠；以古为鉴，可知兴替；以人为鉴，可明得失。朕常保此三鉴，以防己过。今魏征逝，一鉴亡矣'的记载。"据考证，"悬鉴"二字出自明末清初大书法家付青主之笔。（付青主,字青主，名付山，山西曲阳人，明末清初著名的思想家、书法家，博通经史诸子和佛道之源，专功诗文、书画、金石、医学。）

悬鉴楼翼角

"楼"字为叶县举人许靖（许靖，字海楼,河南叶县人,清朝文举,善画花草鸟兽,以书法著称）所补写,三字粗观浑然一体，细品稍有不同。关于这三个字，当地的传说就更为有趣了,相传戏楼建成之后,会馆主持请了一位德高望重的老先生来写"悬鉴楼"这块匾,老人能为慈禧的行宫题字,受宠若惊,全神贯注在写完"悬鉴"二字时由于心力过盛而累死了。这剩下一个"楼"字该如何是好呢?住持以300两白银招写"楼"字,却无人敢写,会馆内有一位打杂的小伙计,眉目清秀,聪慧过人,闲时经常用抹布

戏台屏风斗拱

石雕　刘备马跃檀溪

石雕　三英战吕布

木雕局部

石雕　杯羹之让

沾水临摹老先生的字,见住持为"楼"字急得焦头烂额,于是毛遂自荐,就用刷锅的刷子蘸上浓墨,运神用功,一气将"楼"字喝成,众人齐声喝彩,"楼"字与"悬鉴"二字放在一起气势雄浑,相得益彰。站在匾额下面仔细品味,您会感到"楼"字的确有点刷子的味道。"悬鉴楼"匾额下方平板枋上用连环画的形式浮雕《白蛇传》中"游园遇雨""水漫金山""还伞归家"等六折戏的场景,构图精妙。匾额下木屏风上方又悬一巨匾,上书"既合且平"四个大字,语出《诗经·商颂·那》:"既和且平,依我磬声",用在戏楼之上,是指演员表演和乐队演奏要和谐平稳,同时也体现了商人的一种经营理念,

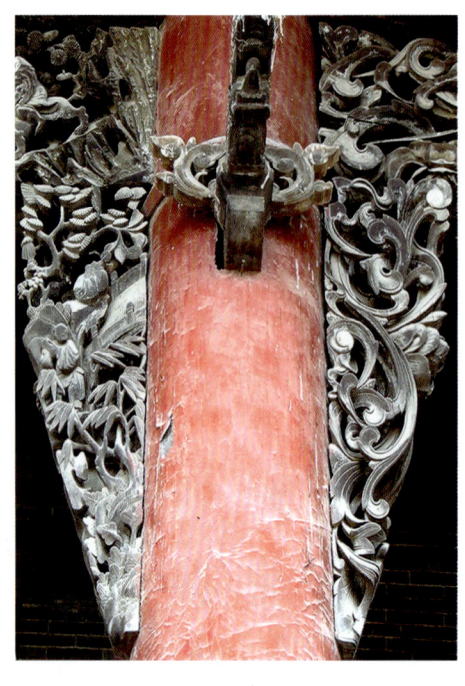

悬鉴楼木雕局部

即"和气生财""公平竞争"。技艺高超的木、石雕刻及独特的彩画艺术把戏楼楼体装饰的美轮美奂。

悬鉴楼的三层琉璃歇山式楼顶也装饰的多姿多彩，以黄绿釉瓦搭配组成菱形图案做点缀，脊正中设置三重檐歇山式琉璃阁楼，与主楼相照应，形成了楼上楼的格局。两侧相向分立一对琉璃狮，狮背驮宝瓶；正脊两面装饰龙吻，龙身上卷，麟飞爪舞，依次是八仙、葛仙、酒仙、青苗仙、刘海等十二仙人造像。众仙站立脊上，脚踏祥云，飘渺神秘。屋顶四角飞檐高挑，檐角各置一人，分别是庞涓、韩信、周瑜和罗成，可驱妖魔，同时也醒示世人，志在高远，一定要兼顾脚下。

悬鉴楼柱础

石雕 农耕图

悬鉴楼砖雕局部

悬鉴楼　石　狮

石　雕　西域进贡图

钟楼

钟鼓二楼

　　开放式的钟鼓二楼位于悬鉴楼的东西两侧，东侧的钟楼内高悬一座巨钟，高2米，重1250多公斤，撞响时十里有声，人称"聚将钟"。鼓楼在西侧，内悬大鼓一面，相传大鼓一击，山摇地动，人称"助威鼓"。钟鼓两楼都是两层起架，八角腾空，各用16根木柱支撑，顶盖琉璃，闪闪发光。钟鼓二楼设立在悬鉴楼的两侧，与中国古建筑中多将封闭式钟鼓二楼设置于神殿两侧的常规有所不同，钟鼓二楼由伴"神"上升到伴"人"的地位。使三座单一建筑形成别具风格的乐楼组群，三楼翼角交错，似分似连，勾心斗角，相映相衬，形成一座完美的艺术整体。

聚将钟

琉璃脊饰局部

钟楼挑角仙人

鼓楼

廊 房

 万人庭院与东西廊房

廊房脊饰

  万人庭院是会馆的中心大院，院内用一见尺方的青石铺地，中铺甬路（神道），看戏时，因观众席地而坐，可容纳万人而得名。由于受封建社会男女授受不亲的影响，万人庭院以神道为界，人为的分为男左女右的两个观众场地，神道两侧各设6个圆洞，以便立木杆搭布棚所用。

  东西廊房位于万人庭院东西两侧，面阔13间，上下两层，是当时有身份地位的贵客看戏的场所，据考证是戏院早期出现的包厢。

万人庭院全景

石 牌 坊

石牌坊矗立于会馆主体建筑大拜殿月台前沿,面临万人庭院与悬鉴楼戏台遥相呼应,庄严肃穆。整座牌坊以一中二配三坊组成,其间以月台石栏相连接,形成一道参差起伏、完整奇特的石雕艺术风景线。中坊为三间四柱式,左右配坊为门柱或通道,以石阶通于庭院。中坊下斜铺的神道以长宽各2米的一方巨石精雕而成,石质光亮细腻,边框由八条栩栩如生的蛟龙组成,正中雕三条大龙,诸龙张口睁目,腾云驾雾,似静、似动、似喜、似怒,形象怪异,俗称"九龙口"。这

石牌坊中坊北侧

石牌坊全景

石雕　周文王访贤

块"九龙口"虽比不上北京故宫御道浮雕的博大宏伟，但它却以精湛的雕工，达到了出神入化的境地，堪称石雕中的珍品。

　　神道之上，四座巨型精雕须弥坐擎起四根方形石柱，组成中坊框架，坊面自上而下多层雕饰。额坊最上部立"福、禄、寿"三星造像，据说这福、禄、寿三星连同南六星、北七星组成了老称十六两的秤星，商人经商如若短斤少两，就会折福、折禄、折寿，这无疑是职业道德教育的杰作。其两侧柱头设透雕蟠龙望柱，柱体金龙缠伏，祥云萦绕，玲

石雕　天官赐福

石　狮

石雕　龙虎斗

珑剔透，是帝王之尊特有的象征。平板坊透雕"八仙庆寿"图，以彩带与祥云绕环"八仙"的宝器，称为"暗八仙"。东西次间额坊上部透雕"李白骑鲸"和"杜甫夜读"图，文学的浪漫气息扑面而来，在这座敬祀关公的道教场所，将"诗仙""诗圣"的形象置于如此醒目位置，集中体现

石牌坊群狮

石雕 八仙庆寿

石雕 杜甫吟诗

了既崇商而又崇文的儒商风貌。而下部平板坊之上又分别浮雕以"鹿鹤同寿"与"麒凤呈祥"图，图中凤凰、麒麟嬉戏争斗着一串铜钱，崇商生财气息跃然雕面。

下方，牌坊石柱与须弥座的接合处，前后设置八个雕饰华丽的夹柱石鼓，上面雕有"米元璋爱石""陶渊明爱菊"等文人雅士"八爱图"，石鼓上方东西对称各立一只神兽，名曰"英招"。据

石雕神兽 英招

《山海经·西次经》记载，此异兽是天地主管山水之神，它微微前伸的头上是一幅清晰的人面像：粗眉、圆眼、胆鼻，另有棱角分明的嘴唇和硕大的人耳，身后狮毛飞扬，背生鹰翅，再配以粗壮的马腿大盖蹄，构成"英招"奇异的造型。

  石牌坊除了精美的图案雕饰以外，在石柱及额坊的南北两面皆阴刻对仗工整、词雅意明的楹联、匾额。"仗义""秉忠"四个大字煜煜生辉，隽刻于石牌坊的瞩目位置。以追颂勇迈绝伦、善读《春秋》、恪守忠义而备受历代尊敬的关公。山陕商人敬颂关公，一方面想仰仗这尊千古忠义之神保佑家乡商贾招财进宝，另一方面也希望以关公"忠义""诚信"的精神，来规范商人的道德行为。这些都无形中树立了山陕商家的文化形象和商业信誉。这种社会的教化功能，对当时赊旗店商业的繁荣发展起到了不可替代的推动作用。

石雕 火化金桥

石雕 凤戏牡丹

【注】：牌坊，是一种门洞式的纪念性建筑，一般用木、砖、石等材料建造，上刻题字，旧时主要用于宣扬封建礼教，标榜功德。它源于隋唐时期，经宋元时代的发展，到明清初期正式作为一种建筑物被确立下来，是中国古老文化的象征性标识。

大拜殿西侧通道

大拜殿与大座殿

　　大拜殿和大座殿是一组前厅后殿的建筑。前厅为卷棚顶，是山陕商贾议事与祭拜关圣的场所，称"大拜殿"；后殿为供奉关公神位的场所，称为"大座殿"。

　　大拜殿，面阔3间，进深5间，重檐歇山顶，上覆以黄绿彩釉琉璃瓦，正脊中央置一琉璃陶楼，上置麒麟送宝，两侧饰大象送宝。飞檐桃起，四角置风、调、雨、顺四大神将，下悬金铃风铎。四周檐下饰重昂五彩斗拱，气势庄严、宏阔。殿前两侧立两石室式石雕八字墙，高1.9米，宽0.9米，系整块青石雕琢而成。东侧图为"十八学士登瀛洲"。形象的描绘了"十八学士"跋山涉水登瀛洲的路途艰辛和最后的卓越成效。"瀛洲"一词来自《史记·秦始皇本纪》，"海

大拜殿内景

中有三神山，名曰蓬莱、方丈、瀛洲，仙人居之"，所以攀登不易。"登瀛洲"寓意入仕位居高坐，也是"学而优则仕"的写照。石雕故事出于《新唐书·褚亮传》，唐太宗李世民为网罗人才，开"文学馆"，以房玄龄、杜如晦、许敬宗等18人为学士，分为三番，讨论典籍、待遇优厚，使18学士好似登临"瀛洲"仙境一般。但后来因为许敬宗支持武则天称帝，有负李世民，被称为佞臣，所以就有了"学士只有17名，不雕佞臣许敬宗"，现在这幅雕面上，我们无论怎样数，也只剩17位学士了。整幅图案，亭台楼阁，山溪淙淙，小桥座座，山峦叠翠，花草丛生，一幅人间仙境跃然雕面，而17学士骑马行走于奇曲山路之间，或隐或藏，神情各异，惟妙惟肖，同时展现出一幅求学成才的艰辛之路。西侧图为"渔樵耕读"。一条山溪湍流而下，过一天成之桥后水面开阔，一渔夫划小舟作打鱼状，依次上行一樵夫背柴行于山间；山坡上牧童骑牛悠然

石雕　渔樵耕读

石雕　十八学士登瀛洲

自得；对岸房屋窗口一书生正钻研典籍。图中将书生置于最上方显著位置，充分体现了"万般皆下品，唯有读书高"的尊儒崇文思想，同时还饰以谐音图案"加官进鹿（禄）""五子登科""蜂（封）猴（侯）拜相""节节高升"等，画面构图巧妙，自然和谐。两幅雕图是绘画与雕刻的艺术完美的结合，具有较高的艺术观赏和研究价值。拜殿门上额枋高悬光绪十九年（1893）浩生社立"三国一人"匾额，意思是：关公仗义秉忠，实为三国第一

大拜殿远眺

大拜殿斗拱及翼角

人。殿内雕梁画栋，庄严气派，檐、檩、斗拱、额坊、雀替等均有木雕彩绘，宫灯高挂，刺绣洒金帷幔、桌饰、绰檐、祭拜供器等应有尽有，极尽豪华奢侈。

大座殿与大拜殿以垂花门、天沟、铜池相连结，形成了山陕会馆特有的建筑结构：几个房坡的水顺垂花门迎水坡流入下方铜池内，寓"肥水不外流、聚福生财"，同时垂花门上方可以采光，下方铜池内贮满水可用作"消防池"，真是一举三得。显示了当时

大座殿柱础

的能工巧匠在建筑设计方面的独到和精妙。檐下雀替、斗拱五层次透雕内容更是丰富多彩，有《三国演义》《西游记》《封神演义》《二十四孝》等的经典故事，也有渲染道教敬神、佛教诵佛、皇帝尊儒的宏大场景和花卉博古图案等。檐下两侧墙壁上嵌同治二年（1863）"慈禧"皇太后的御笔"龙""虎"二字碑刻，为会馆增添了一份神秘的色彩。碑高0.42米，宽0.8米，上圆下方，上方

砖雕局部

木雕局部

大座殿北侧

隔扇门木雕局部

　　正中刻一枚篆体御印章，上刻："慈禧皇太后御笔之宝"九个字，左下额题："同治二年十二月初二日"，右上额题："慈禧皇太后御笔"。字迹潇洒刚劲，一气贯通。据清史研究专家鉴定，慈禧的字，特别是"龙""虎"两个字以碑刻的形式出现，这在全国是第一例，具有很高的研究和收藏价值。

　　座殿内，重塑的关公神像气势威武，周仓扶青龙偃月刀，关平捧大印站立左右。

关公作为三国蜀汉的一员大将，他恪守忠义、至诚至刚而备受历代尊崇，经过1000多年的神化和美化，关公早已从一位历史人物升华成了中华民族的一尊道德偶像。山陕商贾在会馆内敬奉关公，一方面想仰仗家乡的这尊千古之神，保佑自己招财进宝，同时也希望以关公"仗义""秉忠"的精神来树立自己良好的商业文化形象和信誉。

　　"一座山陕会馆，半部商文化史。"山陕商贾为敬关公、叙乡谊、通商情而建的山陕会馆是一部内涵丰富的商文化大书。关公所代表的"忠义"和"诚信"的美德，为会馆镀上了一层耀眼的光芒，使这座会馆超越了"义"与"利"的争辩，打出了"诚信为本""义中取利"的商业道德宣言，成为商会文化之祖脉，商业规则之源头，商务公开之标本，重信守义之典范。

药王殿外景

药王殿与马王殿

药王殿、马王殿分别位于大拜殿两侧，东为"药王殿"，西为"马王殿"。两殿均由前殿和后殿组成，面阔三间，同样以各种木石雕刻图案作装饰，雕工细腻。

因当时赊店镇以药材生意为大宗生意之一，建药王殿内供奉同乡唐代医学家孙思邈，同时商人也希望自己能健康长寿。药王殿的额枋、雀替、内檐等处都以高浮雕结合透雕的方法雕刻上画卷、宝剑、如意、拂尘、古琴等"八宝"图案做装饰。殿内东西墙壁各嵌置一石匾，上分别刻"宗黄""武岐"四字。历史记载岐伯是黄帝时医德高尚的名医，《黄帝内经》正是黄帝与岐伯在探讨医理时的对话录。所以古人称医学为"岐黄之术"。在这里孙思邈效法岐伯医术的同时更敬重岐伯高尚的医德。

垂脊麒麟兽

清代山陕商人疏通的商道中"万里茶路"最为著名，山陕商人将福建武夷山的茶叶，经水路运至赊旗店，再转骡马北上运至张家口后，转骆驼运输至圣彼得堡及欧洲各国。这条"万里茶路"最主要的中转站就是水旱码头"赊旗店"。商人为了商道畅通、财源广进，在山陕会馆内设"马王殿"供奉"马王爷"。殿内雕刻装饰充满力感。

马王殿外景

春秋楼遗址

　　民间有"赊店有座春秋楼，半截还在天里头"的佳话，春秋楼是最后一进建筑，由殿内供奉"关公夜读春秋"而得名，根据会馆内珍藏的清乾隆二十七年（1762）《创建春秋楼碑记》记载，春秋楼始建于清乾隆二十五年（1760），竣工于乾隆四十七年（1782），为建春秋楼，"运巨石于楚北，访名匠于天下。"参加捐资的商号共有408家，建楼花费白银798119两，相当于现存大拜殿及附属工程的10倍，建成的春秋楼，"几见洛洛巩固，迥出宵汉，金璧辉煌，光耀日星。试置其上，临眺宇内，皆在远瞻旷览中。而翘首向南，又若俯视焉，巍巍乎登临岳之峻，出不知身向碧云也。"但遗憾的是这样一座旷世杰作，在清咸丰七年（1857）时，由于赊旗镇内豪绅居楼顽抗，被捻军用被子蘸桐油，点火焚烧，七天七夜毁于一旦，耗资近80万两的宏伟建筑，在清咸丰七年（1857）被捻年付之一炬，只剩下遗址供游人凭吊了。

道 房 院

道房院凉亭

道房院，位于会馆西跨院的北端，坐北向南，为独立的三合院，由大殿、凉亭、厢房、垂花楼门组成，单檐硬山起脊顶，上履灰瓦。前开一垂花楼门为正门，门楼上悬金字匾额"掖垣"，是一座兼有北方四合院和南方园林建筑的精致小院。作为会馆管理人的起居和接待官府显贵的场所，又名"接官厅"。

凉亭位于大殿之前，与垂花门楼对应。凉亭的额枋、雀替都透空雕博古架和卷草花卉图案，四角高挑，整体造型清丽素雅。大殿面阔三间出檐，是接待官府人的场所。国家工商联主席黄孟复看过后惊叹："全国很多会馆，唯独社旗山陕会馆有这样一处专门的设置机

道房院垂花门

构"。是最早的工商联办公场所，为研究会馆商人与官府复杂关系提供了最好的例证。

道房院内景

会馆庙会

　　山陕会馆每年举行三次大型祭祀及庙会活动，农历正月十三相传为关公生日，五月十三为关公磨刀日，九月十三为关公祭日，前两次称为小祭，九月十三为大祭，每次祭祀活动均起庙会三天。

　　大祭的三天时间，也是四方各神社朝祭和进贡的日子。当每个神社进入山陕庙时，东西钟、鼓楼各有道士撞击钟、鼓，表示迎接朝祭，来朝祭的神社鞭炮齐鸣，锣鼓喧天，唢呐高奏，狮舞龙跃，香客们则依次来到关帝神位前焚香祭拜。

　　在祭祀和庙会活动的三天期间，山陕会馆内外装点一新，各商社、神社敬献的彩灯、彩旗、帐幔各处悬挂，五彩缤纷、璀璨夺目。以表示对关帝的虔诚和敬意。上午、下午、晚上，河北梆子、山西梆子、秦腔、昆曲、越调等都在戏楼上演出，真是彩衣如虹,鼓乐似潮。许多外乡艺术社团与当地踩高跷、跑旱船等民间艺术争奇斗艳,极大地促进了彼此之间的交流与融合。精明的秦晋商贾熟知能在吹拉弹唱之间,树立自己财力雄厚、与民同乐的良好商贾形象。

　　会馆除每年三次大型祭祀及庙会活动外，每月的初一、十五为上香祈愿日，四乡的善男信女齐聚山陕会馆上香祈愿，人声鼎沸，这种习俗一直延续至今。

窗棂造型

斗拱造型

九龙口

雕刻篇

石雕 三星高照

麒麟仰莲柱础

狮子仰莲柱础

石雕 麒凤呈祥

石雕 云龙望柱

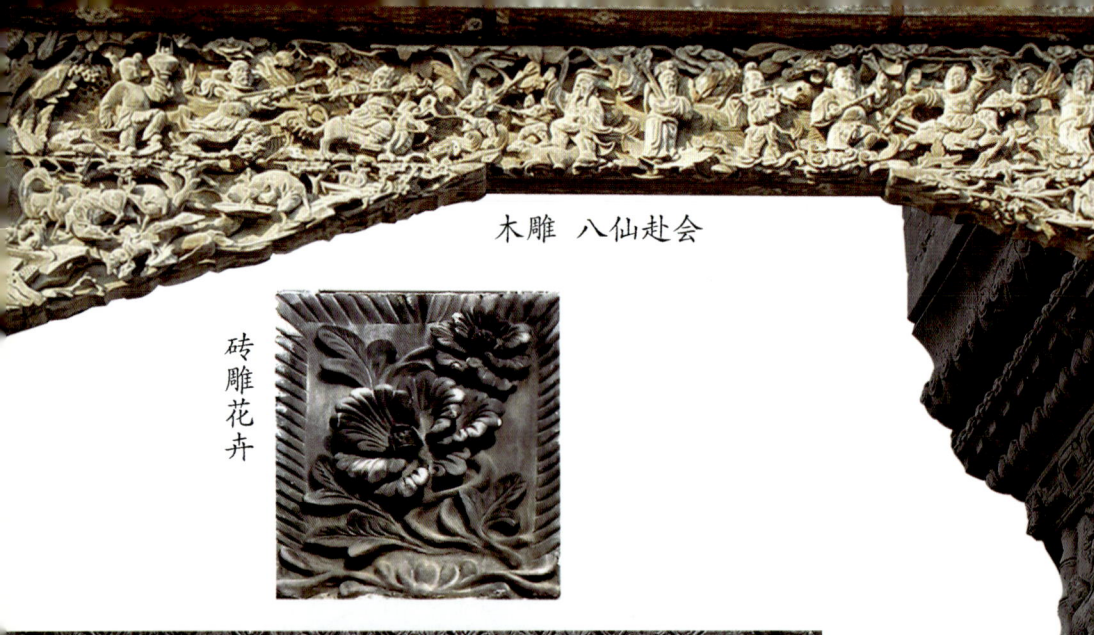

木雕 八仙赴会

砖雕花卉

腰门砖雕

高浮雕青砖

大座殿雀替木雕局部

砖雕 扼虎救父

雕刻在会馆中的精美故事

　　社旗山陕会馆的雕塑艺术包括木雕、石雕、砖雕、陶塑、泥塑艺术等。在艺术风格上采用粗犷古朴中见细腻，形似与神似相统一，雅中透俗，俗中见雅的美学风格，给人以贴近生活的感受。在雕塑选材上涉及的范围及其广泛，但是会馆雕塑内容少了些其他寺庙建筑中的仙、佛、神雕塑题材的神秘色彩和皇宫殿宇建筑中那些皇道尊严的华贵气氛，而是以平民的视角雕刻出人们所喜闻乐见的传说故事、历史典故等。

白猿盗桃

孙膑的老师号鬼谷子,姓王名禅,字诩,后人奉为王禅老祖,是战国时期的军事家和纵横派的开山鼻祖。孙膑生活的时代,正处在七雄并起的乱世之时。他随鬼谷子老师在云蒙山水帘洞过着远离尘世的隐居生活。他本想在此终老一生,鬼谷子先生也希望孙膑作为自己的关门弟子,在自己死后作为纵横派的继承人。

传说云蒙山上有一片仙桃林,吃一个桃子能活一万岁,闻一闻能活两千年,孙膑就负责看管这片仙桃林。他闲来无事,看看书,舞舞剑,有时找师兄弟们下下棋,切磋棋艺,也自是一番乐趣。

水帘洞在云蒙山北坡,云蒙山南坡有一个洞叫马莲洞,洞里住着千年得道的白猿母子。一日,老白猿得了重病昏迷不醒,把小白猿急得抓耳挠腮。忽然,它想起了仙桃林,如果有一枚桃子给母亲吃,母亲的病不就好了吗?看着奄奄一息的母亲，它狠了狠心，化作一阵风到了桃林。正赶上孙膑外出不在，小白猿急忙摘了一枚桃子，返了回来。老白猿吃了这枚仙桃后，大病好了一半。小白猿心想，如果母亲再吃一枚，病不就全好了吗？可万一被孙膑发现了……但为了母亲，它决定冒险。结果到桃林，就被孙膑用咒语给定住了。孙膑回来盘点仙桃时，发现少了一枚，他用指一算，是白猿偷了。他想白猿肯定还会来偷桃子，便提高了警惕。

小白猿哭着说："你杀了我，我有病的母亲谁照管呀？"孙膑问明了情况，念它一片孝母之心，不但没杀它，还送给小白猿一枚仙桃。小白猿回到洞里急忙把桃给母亲吃了，老白猿的病立刻就全好了。小白猿向母亲讲了孙膑不杀自己并赠桃的事，老白猿很感激，她便将采野果时在山涧得到的兵书送给了孙膑。这部兵书里讲的全是用兵列阵之道，孙膑仔细研究，烂熟于心。一日，孙膑突然想起家来。于是，他向鬼谷子老师讲了自己要下山的想法。鬼谷子知道孙膑看过兵书后，长叹一声说："人算不如天算！所谓天机不可泄露，时机不到你

看了兵书，会有百日灾难！"这部兵书是鬼谷子搜集整理的孙武遗著《孙子兵法》，鬼谷子算准孙膑读到兵书之后，就要下山建功立业，还要为此遭受大难，所以忍痛将兵书藏于山涧隐秘之处。不想却让白猿母子采果发现，并最终被孙膑得到。

孙膑一听自己有难，忙求师傅相救。鬼谷子命孙膑到洞内装死。此时鬼谷子的另外一个徒弟庞涓在魏国为将，但他始终对孙膑耿耿于怀，便派了一个叫徐甲的人三请孙膑，终于将孙膑骗出石洞。此时孙膑装死已满99天。王禅叹息道："唉，只这一天你不能坚持，这一去，你将双腿不保啊！"孙膑下山后果然被庞涓实施了髌刑。

后来，孙膑装疯骗过庞涓回到齐国，大显身手，指挥了围魏救赵、马陵道等一系列战争。他根据自己的实践经验，参照兵书所得，写成了兵书《孙膑兵法》，他也终于成为我国古代伟大的军事家。

出自：《前七国孙庞演绎》

刘海戏金蟾

相传很早以前，黄山脚下住着一位姓刘的老农民，夫妻只有一个儿子，名叫刘海。刘海从小失去父亲，家境贫困，靠打柴养活着双目失明的老母。他干活勤快，为人老诚，对母亲也十分孝敬。

贾山南海龙王有个女儿叫巧姑，自幼生长在水底龙宫。一次，龙王带巧姑去北海龙宫赴宴，往返途中的美景给她留下了极其美好的印象。她经常趁龙王外出的机会，变作一只金色的蟾蜍跃出桃花溪白龙潭，伏在一片翠绿的荷花叶上观赏四周的景色。一日，刘海打柴回来，在村西小石桥边的白龙潭偶然遇见一只金蟾，它生有三只脚，背黄腹白，见他过来不躲不闪。刘海觉得很奇怪，每次遇见都要和它戏耍一番，才肯离去。

年复一年，巧姑深深地爱上了刘海。有一天她思念刘海心切，又偷偷地出了龙宫，还是变作金蟾爬上荷叶，盼望着能再次见到她的意中人刘海。事也凑巧，那一天刘海因为要伐木盖房，也来到了白龙潭边。刘海伐树累了，走到潭边喝水，忽然发现在他的身边有一串金钱。"这是谁把金钱丢在这儿了？"他四顾无人，喊了几声也无人答话。刘海心里想：这钱不是我的，不义之财不能拿。于是扛起松树准备回家，谁知那串金钱竟然叮叮地响了起来，真是怪事。刘海哪里知道，这串钱是金蟾暗放在他身边的，那串着金钱的丝线就在她的手里。刘海要走，她便在水下牵动丝线，使那串金钱响了起来。刘海感到奇怪，聚精会神地端详那串金钱为什么自己会响。谁知这时一条大蟒，从树林中偷偷爬出，从背后向刘海扑来。巧姑在水下看得清楚，急忙从水中跃出，从刘海眼前跳向他的背后，刘海转过身发现了已经扑到面前的凶蟒。手疾眼快，抽出砍柴刀，迎面一刀，把那条恶蟒斩作两段。

小金蟾在危急中救了刘海的命，他十分感激。又见那牵动金钱的丝线也随

上了岸，他于是爱抚地捧起金蟾，向她道谢说："小金蟾哪小金蟾：你要是一位姑娘该多么好，我们可以结为夫妻"说罢，他轻轻地把那牵金钱的丝线系在金蟾的颈项上，牵着她在溪边玩了起来。刘海牵着金蟾在前面走，金蟾在他的身后轻快地跳跃着。忽然间刘海觉得手中的丝线一下沉重了起来，回头一看，大吃一惊，原来那金蟾变成了一位漂亮的姑娘，跟在身后朝他微笑。刘海忙向那姑娘说："你是什么人，怎么我牵的小金蟾不见了呢？"，"我就是那小金蟾，你不是说要同我白头偕老永不分离吗？"刘海听罢真是喜出望外，连忙说："好、好！"于是，两个人收拾起柴刀、牵着牛扛起松树，高高兴兴地回家成了亲。

一天刘海又从桥边走过，一位跛足道人朝他走来，对他说："刘海呀！听说你娶了个好媳妇，但她虽好，却不是人，是个狐狸精。"刘海不信，说他胡说八道，那道人嘿嘿一笑说："你若不相信，今日回家就装着肚子疼，她便给你一颗宝珠，你把这个宝珠吞下肚子，便知道她是谁了。"说着，道人不见了。

刘海怀着不安的心情回到家里，放下柴担就声称肚子疼。巧姑熬汤医治，可是无济于事，她便转过身去，从嘴里吐出一颗宝珠，交给刘海，让他含在嘴里。刘海得了宝珠，肚子也不疼了，连忙爬起来就要朝肚子里吞。巧姑看出破绽，经再三盘问，刘海才把遇见跛足道人的事告诉了巧姑。

巧姑听罢，对刘海说："那跛足道人，是桥下的金蟾蜕化，它也修炼了500年，同样有一颗宝珠，这宝珠就是修炼的仙丹。多年来，它想夺我的宝珠，凑成千年，急欲成仙，却未能得逞，如今又想破坏你我美好婚姻。"刘海这才恍然大悟，把宝珠还给巧姑，提起斧子，要去找金蟾算账。巧姑连忙拦住他，又把宝珠交给他，然后嘱咐了几句，才把他送走。刘海来到石桥边，照着巧姑的嘱咐，拿出宝珠，金蟾一见就要吞。刘海逗着它左转十八圈，右转十八圈，

不一会儿那金蟾果然浑身哆嗦，心口作呕，吐出了宝珠似的仙丹来，刘海连忙吞下肚去。金蟾失去仙丹，只得依附于刘海，刘海就让它吐出金灿灿的金钱来。

从此，刘海得了仙道，不再打柴，云游四方去了。走到那里就把金钱撒到那里，救济穷人。人们热爱他、感激他，叫他"活财神"。民间视刘海为福神、财神，并流传"刘海戏金蟾，步步钓金钱"的说法。

鸿门宴项庄舞剑

公元前206年，刘邦趁项羽在巨鹿与秦军主力决战之时，抢先攻入咸阳，灭了秦朝。项羽十分生气：仗是我打的，功劳却让你给抢走了！项羽急命部队开往咸阳，要跟刘邦算账。

当时项羽要想消灭刘邦，可以说是易如反掌。项羽的部队很快就要打到了新丰县一个叫鸿门的地方。这里离刘邦驻军的地方只有40里路。项羽的军师足谋多智，主张趁早下手，铲除刘邦。项羽派往刘邦住处的奸细也向项羽报信，说刘邦有称王的野心。项羽大怒，决定第二天攻打刘邦。

项羽的束缚项伯和刘邦手下的张良是好朋友，他担心第二天打起来张良的性命不保，就连夜赶到刘邦的营中，叫张良赶快逃走。项伯走后，张良把项伯的话报告给了刘邦。刘邦自知力量不如项羽，决定暂时采取委曲求全的策略，第二天亲自到鸿门去向项羽请罪。

第二天一清早，刘邦带着谋士张良、武士樊哙和100多个随从赶到鸿门，拜见项羽。刘邦装出诚惶诚恐的样子对项羽说："当初我和将军一起攻打秦军，您在河北作战，我在河南作战，自己也没想到能先打入关中，攻破咸阳。我自从进关以来，什么东西都没敢动，只是清点了官民的户籍，查封了秦朝的国库，日夜盼望大王早日到来。我派军队把守关口，也只是为了维护秩序，防止盗贼，绝没有与项王分庭抗礼的意思。听说有些小人在大王面前造谣中伤，挑拨我们的关系，请大王不要轻信谣言。"

项羽是个大老粗脾气，见刘邦如此谦恭，心头的怒火很快就烟消云散了。他立刻换了口气，叫人摆上酒席宴请刘邦。宴席上，项羽举杯劝刘邦喝酒，态度变得越来越和气。范增几次给项羽使眼色，并举起身上佩戴的玉玦作暗示，催促项羽杀掉刘邦。可是项羽觉得刘邦很真诚，不好意思下毒手。范增急了，把项羽的堂弟项庄叫来，说："项王心肠太软，你进去装作敬酒助兴，趁舞剑时杀了刘邦。否则，你我将来都得成为刘邦砧板上的鱼肉，任人宰割！"

项庄携剑进帐，敬酒完毕，便拔出长剑在酒席间舞起来，那寒光闪闪的剑光离刘邦越来越近。项伯见项庄来者不善，急忙起身，拔出长剑与项庄周旋，暗中保护刘邦，使项庄无从下手。张良见情形危急，赶紧离席，把守候在帐外的樊哙叫来，说："项庄在里面舞剑，看样子是想对沛公下手了！"樊哙听后急得跳了起来，撞倒守门的卫兵，一头冲进帐里。樊哙大声斥责项羽不该听信

小人之言，要杀有功之人。项羽无话可答，赐给樊哙酒肉，樊哙乘势坐在刘邦的身边。项庄看到没法再下手，只好收起了宝剑。刘邦这才松了一口气，假装要上厕所溜了出去。张良、樊哙紧紧跟了出来，劝他马上离开鸿门。刘邦有点为难说："没有向项羽辞行怎么能走呢？"樊哙说："干大事的人，不必拘泥于小节。如今人家是快刀和砧板，我们弄不好就成了鱼肉，还告什么辞！"

刘邦留下带来的一双白玉和两只玉杯，让张良代表他分别送给项羽和范增，自己则在樊哙等人的护送下，一溜烟奔回驻地。张良估计刘邦已安全抵达军营了，才进帐去向项羽告辞。

范增怒气冲天，仰天长啸道："将来与项羽争夺天下的，必定是刘邦啊，我们都等着做俘虏吧！"

果然，自鸿门宴之后，刘邦、项羽争夺帝位的斗争欲演欲烈。

出自：《史记·项羽本纪》

李 白 骑 鲸

唐代诗人李白,字太白,年轻时击剑任侠,诗名远播。不过,他素来有心学道,所以高道司马承祯一见到他,就赞许说:"我们俩可以一起神游八表之极。"意思说可以一同参访仙界。另一位诗人贺知章最初读李白的诗,便称赞他是"谪仙人",意思是天上暂贬人间的神仙。李白自己也曾受过符箓,列名道籍。唐玄宗时,他因诗名极盛,做了当时的翰林学士。此职是没有什么实权的,不过在皇帝身边陪陪罢了。他自己呢,自认为才高八斗,又倾慕世外高仙,对官场勾心斗角、权贵飞扬跋扈都心存蔑视。他高唱道:"安能摧眉折腰事权贵,使我不得开心颜!"自己岂能够低眉下气弯腰曲背去奉承权贵们,使我不能心中自在脸色舒展?这样,朝中权贵对他也常心存忌恨。杨贵妃的哥哥宰相杨国忠和皇帝面前的大太监、官封太尉的高力士,更是将李白看作眼中钉。

一天,忽然有唐朝属国渤海国派使者入朝,带来一封书信,玄宗令臣下拆开读来,谁知那信上的文字,满朝文武没有一个认得。玄宗心中十分不乐:堂堂大唐王朝,居然没人读得懂属国的书信,岂不让人耻笑。散朝之后,贺知章猛然想起,李白通各国文字,定能读通此信,便向玄宗推荐。皇帝急忙派人去将李白请来。

　　李白展开书信一看，原来是一封恐吓信，大意是，让唐朝将属国高丽176城让给渤海国，否则，便"起兵厮杀，且看哪家胜败！"满朝文武这才

明白书信意思，一面敬佩李白的学问，一边恼恨渤海国王无礼。玄宗连忙与大臣们商讨，如何处置这件事，李白说道："这事不用着急，明天召来渤海使臣，让我用他国文字回一封信，驳其狂妄，责以大义，定叫他老实朝贡。"第二天，李白喝得醉醺醺，进得朝堂仍然脸带醉色。原来李白号称"斗酒诗百篇"，习惯酒助诗兴，醉催文思。玄宗让人在御座前，放一张七宝床，供李白写回信，渤海使者站在一旁待命。对李白写回信，百官都脸有喜色，唯独杨国忠、高力士满脸不高兴。李白瞧在眼里，且不说话，待近侍小太监将信纸在案几上铺开，李白便奏启皇帝说："臣以前被杨丞相、高太尉欺侮，他们在前，我神气不旺。乞请陛下颁下圣旨，让杨国忠替臣磨墨，高力士为臣脱靴，臣才能意气豪放，举笔草诏，代天子宣言，不辱君命。"这话一出，从皇帝到下臣，谁不心惊？

但正是用人之际,没法子只得听从所奏,玄宗便降旨,让杨国忠弯腰磨墨,高力士蹲下脱靴。待墨磨浓,高力士捧靴站立一旁,李白洋洋得意,提起笔来,一挥而就。然后当众宣读诏书,无非是驳斥来书狂妄无理,宣扬大唐国威,然后说:"大唐皇帝汪洋大度,可以原谅你无知狂悖,你们应当立刻悔悟,勤勉操持,岁岁贡献,否则将自取羞辱。"渤海使臣接过回信一看,一式通顺的渤海国文字,不由又惊讶又害怕。叩头辞朝退出,才悄悄问贺知章:"刚才读诏的是谁?"贺知章回答:"是翰林学士李白。"使臣又问:"翰林学士是多大的官,能让宰相磨墨,太尉脱靴?"贺知章回答说:"宰相、太尉,不过是人间的贵臣,那李学士却是天上神仙下凡,辅助大唐,有谁能比得上?"渤海使臣回国后将所见所闻报告国王,并展示大唐国书。国王看了国书,与大臣商议:"大唐有神仙相助,怎么抵敌得住?"于是另写国书,派使朝贡,与大唐重新修好。

李白借草诏书羞辱了杨国忠和高力士,他二人怀恨在心,常在杨贵妃面前说李白的坏话,所以玄宗每次想派给李白一个有实权的官职,都被杨贵妃阻挠。

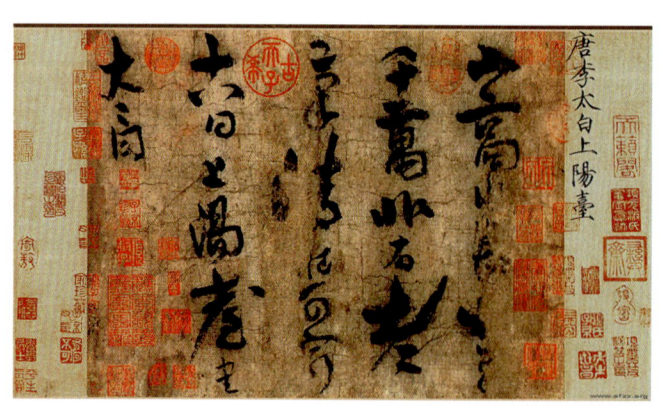

不久安禄山造反,天下大乱。李白投效永王李璘,一心想参与平乱。谁知李璘与其兄长、肃宗皇帝闹起矛盾,最后惹来杀身之祸,李白莫名其妙地被牵连进去,被发配到夜郎。后来虽然被赦免，肃宗也想给李白一官半职，但李白已绝了做官的念头，一心修道。他沿长江游览，这天，泊舟在采石矶边。当晚月明如昼，李白坐在船头畅饮，忽然听见天边音乐之声嘹亮，而且越传越近。接着，江中风浪大作，有条几丈长的大鲸鱼，鼓起长鬣浮出水面，有两个仙童，手持旌节，来到李白面前，口称："上帝派我俩迎接星主还位。"舟上其他人都惊吓得昏死过去。待醒来时，只见李白坐在鲸背上，音乐前导，腾云驾雾升天去了。北宋诗人梅尧臣在《采石月下赠功甫》中写到："采石月下闻谪仙，夜披锦袍坐钓船。醉中爱月江底悬，以手弄月身翻然。不应暴落饥蛟涎，便当骑上青天……"

 ## 赵颜求寿

　　三国之前，曹操挟天子以令诸侯，被汉献帝封为魏王。不料，正当他志得意满、耀武扬威在魏王宫里大宴百官的时候，却被峨嵋山里的道士左慈痛痛快快地捉弄了一番。曹操惊吓成病，遍请业郡名医，怎么也治不好。就让许芝给他算上一卦，测一测吉凶祸福。许芝说："大王若想算卦，附近平原里住着个神卜管辂，怎不请他来呢？"曹操："我也早就听过管辂的名字，不知他的卦术到底怎么样呢？"于是，许芝讲了几个管辂的故事。

　　其中有一则是这么说的：有一天，管辂在家闲的无事，到郊外游玩，沿着一条田间小路信步走去。正行之间，忽然发现路边有个少年男子正在扶犁耕田。那

人身强力壮，长得也非常英俊。管辂站在田埂上看了好大一会儿，忍不住问道："请问你叫什么名字，今年几岁了？"那人一见有人问话，连忙放下手里的活计，擦了一把汗，客客气气地回答："我叫赵颜，今年19岁了。请问先生是谁？"管辂说了自己的名字，又连声叹气说："可惜啊，可惜！"赵颜吃了一惊，一把拉住管辂的衣袖，问道："先生，你这是什么意思？"管辂说："我看你年纪轻轻，又长得这么英俊漂亮，可惜寿命不长，所以才叹息啊！"赵颜顿时吓出了一身冷汗，忙问："你，你怎么知道我寿命不长？"管辂点了点他的额头，说道："我观你眉宇之间窝着一团死气，三日之内，必然身亡。你赶快回家料理后事去吧。"

赵颜也顾不得他的耕牛犁耙了，一路大哭跑回村里，说与他的父亲听。赵老汉哪里肯信？一边安慰儿子，一边问道："你是听谁在胡说八道？""那人说，他叫管辂。""是管辂说的，快追！"赵老汉大吃一惊，抓住儿子的手跑出家门，追到村外，跪在管辂面前连连哀求："先生，快救救我的儿子吧！"管辂摇了摇头，无可奈何地说："这是天意啊，我怎么救的了呢？"老汉满眼垂泪，叩头不止："先生，你可怜老朽风烛残年，膝下只有此一子，与我相依为命，他若有什么不测，谁给我养老送终呢？"赵颜更是流泪不止、苦苦哀告。管辂见他父子哭的实在可怜，不由动了侧隐之心，伸手把他们扶了起来，说："救人一命胜造七级浮屠，我也顾不得许多了，就告诉你们一个办法吧。回村以后，赶快准备净酒一瓶，腌好的鹿脯一个。明天一大早，由你的儿子捧往南山之中，那里有两个老人正在下棋，一个面向南坐，穿一身白袍，相貌非常凶恶。一个面向北坐，穿一身红袍，相貌非常和善，你可趁他们弈兴正浓的时候，悄悄把酒肉放在棋盘旁边。只要他们吃了你的酒肉，你就跪在地上求他们为你

添寿。但是，千万不要说出我的名字阿！"

第二天清早，赵颜就捧着美酒鹿肉，急急忙忙走进了南山，爬上了棋盘石，在一棵浓荫如盖的大松树下，果然发现了两个白胡子老头正在下棋，相貌打扮正像管辂说的那样。赵颜心里"扑通"跳着，蹑手蹑脚地走到大松树后面，把酒肉悄悄地放在他们身边。且说这两位老人，那位相貌和善、身穿红袍的乃是南斗星君，专管人的出生；那面目凶恶、身穿白袍的乃是北斗星君，专管人的死亡。这两位仙翁都是棋迷，闲来无事的时候，总爱找个清静的地方杀上几盘，而且非要分个高低不可。今天这盘棋，两人正杀得难解难分、寸土必争、全神贯注，根本没有发现凡人来到身边。不知不觉中，已将那酒肉吃掉大半，赵颜才从大树后面转了出来，扑在地上，叩头不止，连叫："仙翁救我！"两个老头不由吃了一惊。

北斗星君勃然变色,怒气冲冲地问道:"你是何人?到此做甚?"赵颜战战兢兢、硬硬咽咽地把自己的来意讲了一遍。南斗星君苦笑了一声,叹了口气说:"这一定是管辂那个多嘴的家伙泄漏天机,指点他来找我们的。拿人家的手短,吃人家的嘴软,谁让我们只顾下棋,吃了他的酒肉呢?北斗老弟,我们就帮他一次吧。"北斗星君摇了摇头,从袍袖里取出一本簿子,翻了几页,指着上边向赵颜说:"你今年一十九岁,当于后天正午时死去。我现在在这个'一'字添上两笔,改作一个'九'字,让你活到九十九岁,这总可以了吧?回去告诉管辂,不要再多嘴多舌、泄漏天机,否则,上天是不会饶恕他的。"

赵颜欢喜不尽,再三拜谢而去。后来,他果然活了99岁,无疾而终。两位执掌世间生杀大权的仙翁因下棋着迷,无意间帮了赵颜的大忙,为他添了80年阳寿,留下一段佳话。

张良纳履

张良(?—前186),西汉初大臣。字子房,西汉时城文(今河南郏县东)人。秦灭韩后,他意图恢复韩国,多方结交刺客,以刺秦王。未遂。秦末农民起义时,聚众归刘邦。楚汉战争中,提出不立六国之后代,谋得英布、彭越,重用韩信等策略,并主张追击项羽,歼灭楚军,均为刘邦所采纳。汉朝建立后,被封为留候。

　　张良年轻时，因谋刺秦始皇未遂，被通缉，便改名换姓，逃到了邳（今江苏邳州）一带躲藏。有一天，他散步走到桥上，有一位穿着粗布衣服的老人从对面走来，走到张良面前，故意把鞋子掉到桥下，对张良说："小伙子，下去帮我把鞋子捡上来！"张良本是韩国的贵族子弟，从来没有被人这样使唤过，又正年轻气盛，开始一听，既惊讶又气愤，真想揍这老头。但见是个须发已白的老人，只好强忍怒气，到桥下把鞋子捡了上来，不料老人把脚一伸，以长辈的口气说："给我穿上！"张良既然已经把鞋捡上来了，怒气也消了，做好事就做到底吧，便很恭敬地跪着给老人穿好鞋子。老人脸上露出满意的笑容，慢慢往前走去。

　　张良望着老人远去的背影，惊异这老人的傲慢和古怪，觉得不是一个平常的老人。不料老人走了一里多路，又转回头，走到张良面前说："小伙子是个可以教导的人。五天后一早，到这里来见我。"张良更感奇怪，不知老人要教他什么，便跪拜答道："是。"

　　五天后的清早，张良依照老人的吩咐赶到桥上，可是，老人已先等在那里了，老人见张良来了，生气地说："老人约你早来，你为什么现在才到？"说完就走，边走边回头对张良说："过五天再来，要早点来！"第五天鸡叫，张良就急忙起身赶到桥上，老人已经先到了。又生气地说："你这次又来晚了，什么原因？"没等张良解释，又扬长而去，还是边走边回头说："再过五天来，这次你一定要早来！"又过了五天，张良还不到半夜就去了，到了桥上，没见老人，庆幸自己终于赶在老人前面，等了一会，老人也到了，满意地对张良说："年轻人应当这样才是。"接着拿出一部书交给张良，叮嘱道："认真读完这部书，以后就可以当帝王的老师了。"说完，就头也不回地走了。到天亮时，张良才看清这部书，原来是《太公兵法》，里面专讲怎样用兵，怎样治国的方法，张良如获至宝。他反复地深入研究，彻底地弄通弄懂。

　　后来张良果然成为汉高祖刘邦夺取天下，建立汉王朝的重要谋士。刘邦曾夸赞他"运筹帷幄之中，决胜千里之外"。

 ## 赵匡胤输华山

宋代开国皇帝赵匡胤生下来不久，他母亲就在兵荒马乱中死去了，父亲担着他兄弟二人东奔西窜到处流浪。赵匡胤方面大耳，仪表堂堂。因他是在流浪中长大的，染了一身恶习。一天，赵匡胤打死了人，官府到处捉拿他，弄得他没处容身，便溜到华山脚下，见一位老头挑了一担鲜桃，顺小路迎了上来。

华山道士陈抟，人称陈抟老祖，传说他早年骑驴过华州（今华县），在回华阴的路上，望见一个老汉，挑着一副担子，两只箩筐里盘着两条龙，定睛细瞧，不由惊呆。一头担的是赵匡胤，一头是赵匡胤的兄弟赵二舍。陈抟看了不由喜从心来，一阵高兴，哈哈大笑，说："从此大下定矣！"他掐指一算，这赵匡胤日后有天子之位，今日来华山峪谷避难。他为了点化赵匡胤，早早走入正道，便化作一个卖桃老汉，肩挑桃担，在路边等候。赵匡胤又饥又渴跑到那卖桃老汉面前，不问三七二十一，抓起桃子就狼吞虎咽起来。吃完了桃子，赵匡胤像往常一样，正要扬长而去。不料那卖桃的老汉扯住衣角不让他走，愤愤地道："你这小子，吃了老汉的桃，不给钱就想走？""要多少钱？"赵匡胤填饱了肚子，听老汉说要钱，就来劲了。"没钱，没钱，吃几个烂桃还要钱？"陈抟说："我只要一文钱。"赵匡胤一听，心想这老头真是个好人。忙在口袋里摸钱，半天取不出来，就说："老人家，我连一文钱也没有！"老头笑着说："看你仪表堂堂，哪能一文钱也没有？那好，你若真的没钱，在地上打个滚儿，我就不要了。"赵匡胤无可奈何，往地上一倒，打起滚儿来。老头连忙拉住，长叹一声说："一文钱逼倒英雄汉。"

老头见赵匡胤那个狼狈样儿，便说："你这么一条好汉，何不找个安身立命的行当，将来也有个出头之日。"赵匡胤忧愁地说："我孑然一身，无依无靠，哪有安身之处！若蒙老者指引，我当感恩不尽。"老头解释道："自古乱世出英雄，当今天下纷乱，中原逐鹿，你何不投入军营，以后必有富贵。"赵匡胤高兴地问："我到哪儿当兵是好？"老头说："依我看，你到柴荣营下吃粮最好。"赵匡胤听罢千恩万谢，辞别老头，直奔柴荣营盘去了。赵匡胤来到柴营，英勇善战，又有指挥才能，深得柴荣赏识，步步青云直上，官至"殿前都点检"和"归德节度使"之职。一日，赵匡胤独坐军中，心想，我之所以有今天，多亏那位卖桃老人指点，前去谢谢才是道理。他想到此，便立即带了些银两马匹来到华山脚下,四处打问,找不到老者。他心中闷闷不乐,信步跨进华山峪口玉泉院。赵匡胤进得草堂,见那尘屋香案,蒲团竹几,茶舍棋桌,更是清雅。他正看得出神,一位仙翁从堂后出来,鹤发童颜,风骨飘洒。他油然起敬,便举手擎拳对仙翁道:"打搅仙翁实是不当。"那仙翁道:"不期贵人驾到,未曾远迎!"说着请他坐下待茶。赵匡胤来此百无聊赖,见有棋,情不自禁地问道:"仙翁可善下棋?"仙翁说:"下棋若有彩头,方能引起兴趣。"赵匡胤一听,正中下怀。随手摸出一锭银子说:"以此作注如何?"仙翁点头道:"好!好!"也拿出一锭银子,两人对坐下了起来。

这仙翁不是别人,正是道高德重、化作卖桃老人的陈抟老祖。他虽是个得了道的仙家,可是还没有受帝王的口封。因此故设圈套,一则想讨赵匡胤的口封,二则想募化华山为道家修身之地。头一盘棋陈抟输了,赵匡胤伸手拿他面前的银子。陈抟拦挡说:"慢来,慢来,你要输给我一盘,这盘才算扯平。"赵匡胤说:"好,再下几盘,以分胜负。"陈抟又说:"这里不太清静,我领

你去个地方,咱们再见高低。"赵匡胤随陈抟步入后门,顺着山间小路前行,只见山峰高耸,松林密茂,四面绝壁,怪石嶙峋,白云生于足下,如置身天上一般。陈抟说:"此乃汉朝卫牧卿之博台,我们在此赛棋别有雅趣。"他说话间招来清风、明月二位童子,铺开棋盘,斟上山茶,二人一边品茶一边摆开阵势。赵匡胤连输数盘,面红耳赤。越输越急,越急越输,简直招架不住,将山下的马匹刀杖都输光了,还没得赢一盘。陈抟故意不跟他下了,他还缠住不依说:"除非你是神仙,我就不信下不赢。"陈抟说:"你已没东西作赌注,咋下呢?"赵匡胤着急地说:"我这一盘赢了,把输给你的东西都还给我。"陈抟接口说:"若是输了呢?"赵匡胤信口开河:"输了,把这华山给你。"陈抟说:"空口无凭,你得写张文约。"赵匡胤不由得心中好笑:这老头真傻,华山又不是我的,叫我写啥文约,好!写就写吧!赢了,把输给他的东西要来;输了,看你问谁要华山。陈抟叫清风、明月拿来文房四宝,赵匡胤毫不推辞地写起来。文约写好,开始对棋。赵匡胤审时度势,小心翼翼,费了九牛二虎之力,眼看占了上风,结果又输了。他无可奈何地长叹一声,说:"你真是个活神仙。"陈抟急忙俯首道:"谢主龙恩!"赵匡胤一愣,问道:"你说什么?"陈抟说:"我主日后有九五之尊,封我活神仙,因而谢主龙恩。"赵匡胤听了,顿时后悔起来:我既是真命天子,未曾登基就卖掉华山,日后这华山不是不归我管了吗?伸手去抢文约,哪知文约不但没抢到手,反而在上边印了个指印。陈抟哈哈大笑,说:"我主既写了文约,又在文约上按了指印,还有什么好说的。"话音刚落,他把袍袖一甩,吹了一口气,文约便贴到南天门对面三公山的一块大石头上。赵匡胤一看没有办法了,指着一颗小柿树,耍赖地说:"华

山我卖给你啦,是(柿)树没卖。"从此便留下:"山是道家山,树是皇帝树,华山不纳粮,不得乱伐树"的传说。现在,南天门对面那块上不沾天、下不着地的长方形石头上,隐隐约约还可以看见"赵匡胤卖华山贴文约处"的字迹。

陈抟讨了封号,赢了华山。赵匡胤回去后没多久,"陈桥兵变,黄袍加身"。果真成了我国历史上平定五代十国战乱、统一华夏、大有作为的宋代开国皇帝。人称"宋太祖"。华山也就成为纯属道教占有的一座名山,再也没有给封建帝王纳过粮。

出自:《华山演义》

 # 吴牛喘月

"满奋畏风，在晋武帝坐；北窗作琉璃屏，实密似疏。有难色。帝笑之。奋答曰：'臣犹吴牛，见月而喘。'"

晋武帝司马炎手下有一个大臣，名叫满奋，是南方人，所以非常怕冷，到了冬天，西北风就变成了洪水猛兽了。一天，晋武帝召见他。当时正值严冬，外面刮着肆虐的北风。满奋来到宫中，宫中朝北的窗子是用琉璃做成的，非常结实，足以抵挡寒风，但看起来似乎是透明的，西北风好像会吹进来一样，满奋一看这窗户，不禁打了个寒战。晋武帝说："赐坐。"一个侍臣把椅子放在北窗下面，满奋望着椅子，又望了望北窗，感到非常为难，不敢去坐，傻呆呆地站在原地不动。晋武帝看了他的表情，感到非常好笑。他想起满奋有怕风的毛病，猜到他以为北窗上没有挡风的东西，就用手指着北窗，笑着说："窗子是用琉璃做的，不会有风吹进来的。"满奋满脸羞怯地说："臣是一条河里的水牛，见到月亮就喘起气来了。"后来，人们就用"吴牛喘月"这个成语来比喻人遇到事情过分担心害怕，带有嘲讽的味道。

"吴牛喘月"原意是说江南的一种水牛，因江南地

区在古代是吴国属地,所以水牛也称为吴牛。水牛非常怕热,一到夏天,它就喜欢泡在水里,在阴凉的地方歇息。有的水牛一见到天上圆圆的月亮,就以为是正午的太阳,就吓得不停地喘气。唐代大诗人李白在《丁都护歌》一诗中曾有"吴牛喘月时,拖船一何苦"句子,感叹船工们的艰苦生活。

出自:《世说新语》

 孟母教子

孟母(?-前317),孟子的母亲仉(zhǎng)氏,战国时邹国人。她克勤克俭,含辛茹苦,坚守志节,抚育儿子,从慎始、励志、敦品、勉学以至于约礼、成金,数十年如一日,丝丝入扣,毫不放松,既成就了孟子,更为后世的母亲留下一套完整的教子方案,她本人也成为名垂千秋万世的模范母亲,在中国历史上受到普遍尊崇。黎民百姓传颂着她的故事,文人学士为其立传作赞,达官显贵、孟氏后裔为其树碑修祠,后人把她与北宋文学家欧阳修的母亲欧母、"精忠报国"岳飞的母亲岳母、晋代名将陶侃的母亲陶母列为母亲的典范,号称中国"四大贤母",而且位居"贤母"之首。

起初,孟子居住在邹城以北马鞍山下,附近是一片墓地,山麓坟茔处处,不时看到丧葬的情形。村中儿童追逐嬉戏,也三五成群地模仿大人们的礼仪,扮演丧葬的过程,孟子也参与其中,有时还抢人家的供果吃。孟母突然发现,一向伶俐听话的儿子,已受到了不良环境的影响,为了给儿子寻找一个好的生活、学习环境,孟母开始了漫长的迁居活动。

经过一番周折，孟家母子从凫村迁到了城西庙户营村。这里是一个"日中为市"的交易集市，新居与市场为邻，远远近近的百姓们，手拎肩挑一些自己的土产来到集市交易，讨价还价，市场上行商坐贾，拍卖喧闹，这场面对孩子来说是颇有吸引力的。而且他家的邻居是一个杀猪的屠夫，孟子就用泥巴捏成小猪，模仿他邻居的样子用竹片杀掉，沿街叫卖，学会了锱铢必较的模样。孟母忐忑不安，再次迁居。

孟母既不愿儿子成为一个默默无闻的人，也不屑于儿子沾染唯利是图的市侩气，她一定要选择一个适合儿子成长的环境，她第三次把家搬到了到县城南关的学宫旁。学宫附近常常有读书人来往，高雅的气韵、从容的风范。优雅的举止与循规蹈矩的礼仪行为，都给附近居民不少潜移默化的影响，尤其是初解人事的孩子们，常群集在大树底下，演练学宫中揖让进退的礼仪，有模有样，一片庄严肃穆的景象，远远察看的孟母内心深处大为高兴，她由衷地发出感叹："这才是孩子们最佳的居住环境！"并把孟子送入学宫读书，留下了"三迁择邻"的美谈。

孟子具有天生的灵性与慧根，但也有一般幼童共有的贪玩心理。最初孟子对学习很有兴趣，时间一长就厌烦了，经常逃学。孟母知道后问孟子："你学到什么程度了？"孟子答道："尚未博学。"孟母非常生气，拿起刀来，当着孟子的面把织布机上的经线割断。就在孟子惊愕不解时，孟母说道："你的废

学，就像我割断织布机上的线，这布是一丝一线织起来的，现在割断了线，布就无法织成。君子求学是为了成就功名，博学多问才能增加智慧。你经常逃学怎么能成为有用之才呢？你今天不刻苦读书，而是惰于修身养德，今后就不可以远离祸患，只做一些蝇营狗苟的事，将来不做强盗，也会沦为厮役！"孟母用"断织"来警喻"辍学"，指出做事必须要有恒心，一旦认准目标，就不为外界所干扰。半途而废，后果是十分严重的。"断织喻学"的一幕在孟子小小的心灵中，留下了既惊且惧的鲜明印象，孟子从此旦夕勤学，终于成为我国历史上的儒学大师。

出自：西汉刘向《列女传》卷一《母仪》："孟子生有淑质，幼被慈母三迁之教。"

苏秦（前337—前284），字季子，战国时期东周洛阳人，年轻时跟着鬼谷子王禅老祖学习纵横术，是与张仪齐名的纵横家。

苏秦归家

苏秦学成以后，回到洛阳老家中。过了几天，苏秦就向父母提出要去周游列国，以求得功名。一家人极力反对。那时周天子的地盘很小，苏秦料定在周显王的门下不会有什么作为。于是下了决心，把家产全部变卖，买了一辆车子，请了几个随从，然后出游列国。有一天，苏秦到了秦国，为当时的秦国国君出谋划策，结果秦惠王不为所动，把他赶出了王宫，他坚持继续上书达十多次，在秦国住了一年多，仍然没有成功，黑貂皮大衣穿破了，100斤黄金也用完了，钱财一点不剩，被逼无奈只得离开秦国，返回家乡。

回家时，苏秦缠着绑腿布，穿着草鞋，背着书箱，挑着行李，脸上又瘦又黑，一脸羞愧之色，形同乞丐。进的家门，妻子不下织机，嫂子不去做饭，父母不与他说话。苏秦长叹道："妻子不把我当丈夫，嫂子不把我当小叔，父母不把我当儿子，这都是我的过错啊！"失败的羞愧和家人的羞辱，激发了苏秦的斗志，心里想："哪有去游说国君，而不能让他拿出金玉锦绣，取得卿相之尊的人呢？"于是半夜摆开几十只书箱，找到了姜太公的兵书，埋头诵读。读到昏昏欲睡时，就拿针刺自己的大腿，鲜血一直流到脚跟。"就这样苦读一年，学有所成。他决心要报复秦国。

他首先到了燕国，对燕文公说："燕国地方二千里，士兵几十万，在诸侯中不算是大国，为什么这些年没有受到秦国的攻打呢？因为燕国离秦国较远的

缘故。秦国正在实行远交近攻的策略，等消灭了赵国，就要来攻打燕国了。而大王不知道与赵国搞好关系，反而割地讨好秦国，这种做法实在是不明智。"燕文公问："依先生之见如何呢？"苏秦说："与赵国交好，共同抵抗秦国。进一步，把齐国、魏国、韩国、楚国都拉入统一阵营，则秦国就没有机会可乘了。"燕文公说："先生的策略虽好，其他国家未必肯采纳啊！"苏秦说："主公放心，我可以说服他们。"燕文公十分高兴，准备车马随从，让苏秦出使诸侯各国。

　　苏秦到了赵国，对赵肃侯说："如今，秦国之所以不敢攻打赵国，是因为怕韩、魏两国从后面袭击它。秦国如果攻打韩、魏两国，由于没有山河阻隔，可以一直攻到都城。韩、魏如果向秦国称臣，赵国就孤立无援了。六国之地五倍于秦国，将士十倍于秦国，如果六国联合起来攻打秦国，秦国必亡无疑。我认为六国应该联合起来，派出将相在洹水之滨订盟。秦国进攻任何一国时，各国一齐出兵，如不遵此盟者，五国共伐之。这样，秦兵必然不敢再出函谷关，为害崤山之东了。"赵肃侯听了极为高兴，厚待苏秦，重赏了他，把赵国的相印

给了苏秦让他去约诸侯。

接着，他又前往韩、魏、齐、楚等国。诸侯各国都十分赞同他的策略。每到一国，苏秦都受到十分隆重的接待。仪仗队 20 里不绝，其威仪与诸侯不相上下。

苏秦去游说各国途经洛阳，父母听到消息，收拾房屋，打扫街道，设置音乐，准备酒席，到 30 里外郊野去迎接。妻子不敢正面看他，侧着耳朵听他说话。嫂子像蛇一样在地上匍匐，再三再四地跪拜谢罪。苏秦问："嫂子为什么过去那么趾高气扬，而现在又如此卑躬屈膝呢？"嫂子回答说："因为你地位尊贵而且很有钱呀。"苏秦叹道："唉！贫穷的时候父母不把我当儿子，富贵的时候连亲戚也畏惧，人活在世上，权势地位和荣华富贵，难道是可以忽视的吗？"

后来苏秦联合齐国、楚国、燕国、赵国、魏国、韩国一起抵抗秦国，得到了六国的相印。

苏秦以一己之力促成山东六国合纵，使强秦不敢出函谷关 15 年，又配六国相印，叱咤风云。

五老观太极

位于今万佛湖西北岸有五座山峰相连，背靠"玄武"，面向"朱雀"，左拥"青龙"，右牵"白虎"，中有峭壁悬崖。堪舆家称这里为"五老观太极"。据说龙舒周氏祖坟就葬在此地，因得山水之灵气，三国时期就出了一位叱咤风云的人物周瑜。在当地群众中还流传着各种版本的神话故事。

话说这一天，祖居龙舒水畔的周瑜，正在家研读兵书，门外来了一个疯癫讨饭老头。周瑜吩咐家人给了老头酒食，自己仍坐桌前读书。那疯癫老头一面狼吞虎咽，一面问周瑜："小子，你读的是什么书？""《老子》。"周瑜把书递了过去。那老头接过竹简看都未看："老子，小子，误人弟子！"顺手把竹简扔得老远。周瑜从小读书习武，嗜书如命，正待发话，忽听身后有人高叫："哈哈，老叫花子，你疯癫什么？"周瑜回头一看，见是个跛腿瘸子走了过来，不打招呼，蹿到桌边就大吃起来。两个老头，三杯酒下肚，又呼五喝六猜起拳来，并大叫："热、热、热！快掌扇子！"周瑜取来扇子，亲自为他俩掌扇。就在这时，一个苍凉的声音传来："小子勤快，也替我扇扇。"周瑜抬头一看，一个独臂老头不知何时已站在他的身旁，手摇一把羽毛扇，坐下就吃喝起来。周瑜惊奇不已，一会家中来了三个怪老头，也不知是祸是福？正惊讶间，一阵琴声过后，外面传来吃吃笑声。周瑜向前一看，一个癞老头牵着一个瞎老汉，摇摇晃晃地走了进来。

"有我在此，你们倒敢吃起独食来了。"癞老头扶着老瞎子一屁股坐下，先到的三人慌忙站起："同吃，同吃。"五个老头同坐，周瑜吩咐家人添酒加菜。老瞎子说："少庄主，你请我等吃喝，拿什么来助兴？"问得周瑜瞠目结舌。那癞老头说："听说周郎谙音律，何不为我等鼓奏一曲。"周瑜推辞不得，只好令小厮抬出瑶琴，为喝酒老人弹奏一曲《武王东征》。琴声倒也激越悠扬，可曲终不见众人开口，周瑜只好捧琴致谢。不料瞎老汉却说："我本来酒兴甚浓，可听你这么一弹，兴味跑光了，你这破琴留它何用？"说着将手一扬，把琴摔得粉碎。周瑜有些按捺不住，可一想父母的教诲，仍谦逊地道："众位老前辈，晚生琴技不佳，败兴，败兴！罪过，罪过！"遂恳请五位长者留宿，五个老头也不推辞。一夜无话。

第二天一早，周瑜就前来拜望，可是听家人说："他们一大早就走了，临走请少庄主去太极村讨酒饭钱。"周瑜听罢一笑，"一顿酒饭能值多少？"有心就此了事，可又转念一想："这几位老人来的有些蹊跷，既然有交代，何不登门拜访一番，或许有益。"可是，太极村在哪里？问谁也不知道，只听家人说，几个老头出门向西北而去。周瑜用过早餐，也不要小厮陪同，独自一人信步向西北寻找，转过一个山嘴，越过一道山冲，又是一个山嘴……走了好半天，前面又是一座山。他费了好大劲才爬上山顶，向下一看，左岗右山，中间平坦，好像一张太师坐椅。再往前看，一沓平洋，九条河流向九条白龙衔珠而来。而在一悬崖绝壁前，拱坐五位老者，专心致志地在仰观崖上纵横交错的裂纹。周瑜走到他们身边，也不敢造次，站在一旁。不知过了多久，那个癞头老者才欠起屁股说："讨债的来了，该付人家的酒饭钱。"说着扔过一条头巾。周瑜正踌躇间，

那老者说："别看它破，可是当年在云雾山上鬼谷子送我的呢。"据说这就是后来周瑜头上戴的"纶巾"。断臂老者也说："我这把羽扇虽旧，也是当年文王被困时排演八卦所用。你是他的后代，就交给你吧。"后来周瑜手中的"羽扇"就是那一把。那疯癫老者也从怀中抽出一本绢书："这可是一本无字天书，以后可派大用场，比你看的什么'老子''小子'管用多了！"周瑜翻开绢书，有些茫茫然，但还是小心地揣进怀里。那瘸老头从拐杖中抽出一把宝剑说："这是当年越王勾践取吴王夫差吃饭家伙的武器，我送给你作为酒钱吧。"后来周瑜辅助孙氏建立东吴，靠的就是这把所向披靡的三尺神剑。最后，那老瞎子也捧出一张瑶琴送给周瑜，"这可是俞伯牙调试的瑶琴，不同于你那华而不实的琴，算老瞎子赔你的。"这把瑶琴造就了周瑜的音乐天才，"曲有误周郎顾"嘛。

周瑜跪倒尘埃，一一叩谢，恳求五老到山庄长住。几位老者却推说："山野之人，散漫惯了。"那瞎老头说："周瑜，你不必客气，我们都是受你先祖之托。时间不早了，你该回去了。我们还要研讨太极图呢。"说罢，五老仍拱坐崖前，仰观石缝裂纹，再也不理他了。

周瑜回到家里，备上酒菜，亲自送往太极村，找遍大小山洼，再也没有发现五老踪影。后来发现五座山峰拱立，犹如当日五老观太极的形象。

苏武牧羊

苏武（前140—前60），字子卿。杜陵（今陕西西安）人，是西汉尽忠守节的著名人物。当时汉朝与匈奴战争频繁，但双方使节仍然往来不绝，除了信使的作用，更主要的目的是探听观察对方的情况。两国对此都心照不宣，所以经常采取扣押对方使者的办法，防止秘密泄露。

匈奴自从被卫青、霍去病打败以后，双方有好几年没打仗。他们口头上表示要跟汉朝和好，实际上还是随时想进犯中原。匈奴一次次派使者来求和，可是汉朝的使者到匈奴去回访，却被他们扣留了。因此汉朝为了报复也扣留了一些匈奴使者。

公元前100年，武帝正想出兵攻打匈奴，这时匈奴新即位的且鞮侯单于派使者前来求和，还说："汉天子，我丈人也。"（汉朝一直保持公主和亲的政策，有单于和匈奴显贵为汉朝公主所生，所以单于自称是汉朝的女婿。）单于还主动送还以前扣留的汉朝使臣路充国等多人，以表示诚心修好。武帝见且鞮侯单于态度颇为恭顺，很是高兴，便派苏武为中郎将，持节出使匈奴，送还以前扣留的匈奴使者。苏武同副使张胜（时为副中郎将）、属吏常惠以及随员百余人，带着许多礼物离开长安，去匈奴单于王庭修好。苏武到了匈奴，送上礼物，交还使者，等待单于复信返回。就在这个时候，突然发生了意外事件。

苏武没到匈奴之前，有一个生长在汉朝的匈奴人，叫卫律，在出使匈奴后投降了匈奴。单于特别重用他，封他为王。卫律有一个部下叫做虞常，对卫律

很不满意。他跟苏武的副手张胜原来是朋友，就暗地跟张胜商量，想杀了卫律，劫持单于的母亲，逃回中原去，张胜很表示同情，没想到虞常的计划没成功，反而被匈奴人逮住了。单于大怒，叫卫律审问虞常，还要查问出同谋的人来。苏武本来不知道这件事。到了这时候，张胜怕受到牵连，才告诉苏武。苏武说："事情已经到这个地步，一定会牵连到我。如果让人家审问以后再死，不是更给朝廷丢脸吗？"说罢，就拔出刀来要自杀。张胜和随员常惠眼快，夺去他手里的刀，把他劝住了。虞常受尽种种刑罚，只承认跟张胜是朋友，拼死也不承认跟他是同谋。

卫律向单于报告。单于大怒，想杀死苏武，被大臣劝阻了，单于又叫卫律去逼迫苏武投降。苏武一听卫律叫他投降，就说："我是汉朝的使者，如果违背了使命，丧失了气节，活下去还有什么脸见人。"又拔出刀来向脖子抹去。卫律慌忙把他抱住，苏武的脖子已受了重伤，昏了过去。卫律赶快叫人抢救，苏武才慢慢苏醒过来。单于觉得苏武是个有气节的好汉，十分钦佩他。等苏武伤痊愈了，单于又想逼苏武投降。单于派卫律审问虞常，让苏武在旁边听着。卫律先把虞常定了死罪杀了；接着，又举剑威胁张胜，张胜贪生怕死，投降了。卫律对苏武说："你的副手有罪，你也得连坐。"苏武说："我既没有跟他同谋，又不是他的亲属，为什么要连坐？"卫律又举起剑威胁苏武，苏武不动声色。卫律没法，只好把举起的剑放下来，劝苏武说："我也是不得已才投降匈奴的，单于待我好，封我为王，给我几万名的部下和满山的牛羊，享尽富贵荣华。先生如果能够投降匈奴，明天也跟我一样，何必白白送掉性命呢？"

苏武怒气冲冲地站起来，说："卫律！你是汉人的儿子，做了汉朝的臣下。你

忘恩负义，背叛了父母，背叛了朝廷，厚颜无耻地做了汉奸，还有什么脸来和我说话。我决不会投降，怎么逼我也没有用。"卫律碰了一鼻子灰回去，向单于报告。单于把苏武关在地窖里，不给他吃的喝的，想用长期折磨的办法，逼他屈服。

　　这时候正是入冬天气，外面下着鹅毛大雪。苏武忍饥挨饿，渴了，就捧了一把雪止渴；饿了，扯了一些皮带、羊皮片啃着充饥。过了几天，居然没有饿死。单于见折磨他没用，把他送到北海（今贝加尔湖）边去放羊，跟他的部下常惠分隔开来，不许他们通消息，还对苏武说："等公羊生了小羊，才放你回去。"公羊怎么会生小羊呢，这不过是说要长期监禁他罢了。

　　苏武到了北海，旁边什么人都没有，唯一和他作伴的是那根代表朝廷的旌节。匈奴不给口粮，他就掘野鼠洞里的草根充饥。日子一久，旌节上的穗子全掉了。严寒的冬夜里，苏武经常手握节杖，遥望南方的天空，思念长安城中的亲人。可是他并不知道，苏武的两兄弟已经获罪被武帝所杀。

　　一直到了公元前85年，匈奴的单于死了，匈奴发生内乱，分成了三个国家。

新单于没有力量再跟汉朝打仗，又打发使者来求和。那时候，汉武帝已死去，他的儿子汉昭帝即位。汉昭帝派使者到匈奴去，要单于放回苏武，匈奴谎说苏武已经死了。使者信以为真，就没有再提。

第二次，汉使者又到匈奴去，苏武的随从常惠还在匈奴。他买通匈奴人，私下和汉使者见面，把苏武在北海牧羊的情况告诉了使者。使者见了单于，严厉责备他说："匈奴既然存心同汉朝和好，不应该欺骗汉朝。我们皇上在御花园射下一只大雁，雁脚上拴着一条绸子，上面写着苏武还活着，你怎么说他死了呢？"单于听了，吓了一大跳。他还以为真的是苏武的忠义感动了飞鸟，连大雁也替他送消息呢。他向使者道歉说："苏武确实是活着，我们把他放回去就是了。"

苏武出使的时候，才40岁。在匈奴受了19年的折磨，胡须、头发全白了。回到长安的那天，长安的百姓都出来迎接他。他们瞧见白胡须、白头发的苏武手里拿着光杆子的旌节，没有一个不受感动的，都向这位富有民族气节的英雄表达敬意。唐朝诗人杜牧在《河湟》诗中赞道："牧羊驱马虽戎服，白发丹心尽汉臣。"两千多年过去了，苏武崇高的气节成为中国伦理人格的榜样，成为一种民族文化心理要素。

萧史弄玉

传说春秋前期，秦穆公一天正与大臣们商议着朝政，忽然，邻国一位使者持璞玉进见。穆公拿着璞玉一看，是块形如卵、大如瓜、润莹莹、翠滴滴的稀罕之物，心中十分喜欢。立即招来一名玉匠，当众剖开，取出那块莹光四射的宝玉来让群臣观赏。正在这时，一宫女兴冲冲地跑来禀报三娘娘生下一位公主。穆公一听十分高兴急忙跑回后宫去了。

穆公来到后宫看到又白又胖的小公主，心里乐极了。可是，这位刚来到秦宫的小公主哭闹不停。正当他着急的时候，一位宦官把璞玉送了进来。说也奇怪，公主的哭声立刻止住了，那对圆溜溜的眼睛盯着美玉。可是把玉收起，公主又开始哭起来，穆公见女儿离不开美玉，就叫人把玉留在了公主身边。

冬去春来，公主满周岁了。按秦人习俗，孩子在这天是要"抓岁儿"的。抓岁儿就是把文房四宝、闺房脂粉珠宝玉器摆在孩子面前，让她随意抓取。以孩子喜爱之物来判断孩子将来的志趣。谁知这位公主，对面前五光十色的什物都不感兴趣，一把抓住了那块美玉。穆公看到女儿对美玉爱不释手，就对娘娘说："给她取名叫弄玉吧！"弄玉10岁时已经是姿容无双，聪颖手巧，精诗通文。但她经常一个人待在闺房里，操笛吹笙。穆公见她十分喜欢吹笙，就把那块美玉为她雕成了一枝"碧玉笙"。公主自从有了碧玉笙，夜夜吹奏，到十二三岁时，就能吹出百鸟的叫声和各种美妙动听的曲音，高者如上云霄、低者如沉塘底。她吹得凤凰鸣叫，就象真的一样，因而，人们都说她能做"凤凰鸣"。为了女儿能够更静心的学习，穆公特意在后宫筑了一座"凤楼"让她居住。弄玉长到15岁时，由于她秀美娴静，记忆过人，各国王子都向她求婚。

  而明智的父王，对女儿的婚事，没有采取"父母之命，媒妁之言"，而是让公主自己选择。公主说："富贵我不求，贫贱我不嫌，只要志同道合就是我所求。"可是，多少求婚的人，都没有被公主选中。穆公又遣人到全国各地去寻访，但还是不能如愿。

  一天夜里，长空如洗，明月高悬，弄玉公主遣侍女设香坛，赏了一阵月后身倚朱栏，吹奏起她那凤凰鸣的曲子来。夜静声寂，悠扬的曲声回荡于夜空，如人间仙乐。忽然，一阵袅袅的曲音和着自己的笙声，如怨如慕，如泣如诉，声声激越，从空而来。起初，她还以为是自己所奏的回音，仔细一听，是从东方天际飘来的洞箫声。一连几夜都是如此。于是公主就特意吹奏了一曲"凤求凰"，然后，步回楼阁似睡非睡地进入了梦乡。

  朦胧中，她看见东南方，天门大开，亭榭楼台，一个童颜仙骨、眉清目秀的少年男子，羽冠鹤氅，身跨彩凤，翩翩从空而来，到凤楼前落下。他手持紫玉箫，徐徐吹奏。弄玉公主听的心神荡然，像身在云雾之中，弄玉问道："此何曲也？"那少年答曰："华山神游曲。"并说："我叫萧史，居于华山明星崖，因有凤缘，才应曲而来。"说完，又飘然乘风而去。弄玉公主想把他招回来，刚一伸手，碧玉笙掉在地上，她从梦中惊醒，原来是一场梦。

第二天，公主把梦中情景告诉给父王。穆公立即派大将孟明视以梦中形象去华山寻访。孟明视来到华山幽谷，询问一位樵夫，那樵夫说："有一青年隐者，于中峰明星崖，结庐独居，每日下山沽酒。其人善品箫，箫音所达数百里，听者忘返。"孟明视就攀藤越岭来到明星崖见到箫史，并请他回秦宫去见穆公。

八月十五那天，箫史来到秦宫。秦穆公一见他羽冠鹤氅，举止潇洒，眉目清秀，风韵高雅，就暗自心里高兴。而躲在帷幔后的公主弄玉，一看和梦中的一模一样，心中不由得一阵喜悦。于是，穆公招来百官让箫史吹奏。箫史从袖中取出紫玉箫，在殿堂中从容地吹起来。一曲吹完，如仙乐在空，袅袅不绝；二曲奏完，殿柱上赤龙彩凤，神态跃跃，似舞似飞；三曲奏后，片片彩云，飘绕銮殿，引百鸟而来，凤翔于天，鹤鸣在地。大家不约而同地赞叹。穆公更是欢喜，赞口不绝，对箫史说："爱女弄玉，颇通音律，愿与善箫者匹配，而你的箫声，能通天地，又是梦中相见，当是吾婿了。今天是八月十五，月圆于天，人和于地。"当众就把公主许给了箫史。

箫史和公主深居凤楼，相敬如宾，寻曲觅谱，互传技艺。每到星夜，他们都要把悠扬的笙箫声，送出宫墙。不觉过了几个月。一天晚上，奏完箫笙后，箫史对公主说："我很怀念华山那幽静的生活。"公主也说："这人间富贵，我根本就不需要。我愿与你同甘共苦。"他们就决定同去华山。于是，箫史拿出紫玉箫对空中高奏一曲，从天空中飞来赤龙彩凤，落在楼台前。箫史乘龙，弄玉跨凤，徐徐的离开凤楼，向华山飞去了。

在华山他们的笙箫声常引来凤凰落于石上一起合鸣。弄玉、箫史不辞而别离开秦宫后，穆公和皇后十分思念女儿，便派人追至华山，可是怎么也找不到。为纪念箫史弄玉，后人在华山修建了"引凤亭"和"玉女祠"。

出自：汉刘向《列仙传》

文人雅士"八爱图"

　　传统的"八爱"指的是俞伯牙爱琴、嵇康爱竹、王羲之爱鹅、陶渊明爱菊、孟浩然爱梅、林和靖爱鹤、米元章爱石、周敦颐爱莲。这些都表现了古代文人雅士的寄托，也成为艺术创作的常用题材。山陕会馆石牌坊的抱鼓石上、殿宇的额枋雀替上，都以木石雕刻的形式将这一题材表现得淋漓尽致。

俞伯牙爱琴

　　俞瑞，字伯牙，战国时的音乐家，曾担任晋国的外交官。

　　春秋时期，伯牙随成连先生学古琴。他掌握了各种演奏技巧，但是老师感到他演奏时，常常是理解不深，单纯地把音符奏出来而已，少了点神韵，不能引起欣赏者的共鸣。老师想把他培养成一位真正的艺术家，有一天，成连先生对伯牙说："我的老师方子春，居住在东海，他能传授培养人情趣的方法。我带你前去，让他给你讲讲，能够大大提高你的艺术水平。"于是师徒两人备了干粮，驾船出发。到了东海蓬莱山后，成连先生对伯牙说："你留在这里练琴，我去寻师父。"说罢，就摇船渐渐远离。

　　过了10天，成连先生还没回来。伯牙在岛上等得心焦，每天调琴之余，举目四眺。他面对浩瀚的大海，倾听澎湃的涛声。远望山林，郁郁葱葱，深远莫测，不时传来群鸟啁啾飞扑的声响。这些各有妙趣、音响奇特不一的景象，使

他不觉心旷神怡，浮想翩翩，感到自己的情趣高尚了许多。伯牙产生了创作激情，要把自己的感受谱成音乐，于是他架起琴，把满腔激情倾注到琴弦上，一气呵成，谱写了一曲《高山流水》。没多久，成连先生摇船而返，听了他感情真切的演奏，高兴地说："现在你已经是天下最出色的琴师了，你回去吧！"伯牙恍然大悟，原来这涛声鸟语就是最好的老师。此后，伯牙不断积累生活和艺术体会，终于成了天下操琴的高手。

　　他弹起琴来，琴声优美动听，犹如高山流水一般。虽然，有许多人赞美他的琴艺，但他却认为一直没有遇到真正能听懂他琴声的人。他一直在寻觅自己的知音。

　　有一年，俞伯牙奉晋王之命出使楚国。八月十五那天，他乘船来到了汉阳江口。遇风浪，停泊在一座小山下。晚上，风浪渐渐平息了下来，云开月出，景色十分迷人。望着空中的一轮明月，俞伯牙琴兴大发，拿出随身带来的琴，专心致志地弹了起来。他弹了一曲又一曲，正当他完全沉醉在优美的琴声之中

的时候，猛然看到一个人在岸边一动不动地站着。俞伯牙吃了一惊，手下用力，"啪"的一声，琴弦被拨断了一根。俞伯牙正在猜测岸边的人为何而来，就听到那个人大声地对他说："先生，您不要疑心，

我是个打柴的，回家晚了，走到这里听到您在弹琴，觉得琴声绝妙，不由得站在这里听了起来。"

俞伯牙借着月光仔细一看，那个人身旁放着一担干柴，果然是个打柴的人。俞伯牙心想：一个打柴的樵夫，怎么会听懂我的琴呢？于是他就问："你既然懂得琴声，那就请你说说看，我弹的是一首什么曲子？"听了俞伯牙的问话，那打柴的人笑着回答："先生，您刚才弹的是孔子赞叹弟子颜回的曲谱，只可惜，您弹到第四句的时候，琴弦断了。"

打柴人的回答一点不错，俞伯牙不禁大喜，忙邀请他上船来细谈。那打柴人看到俞伯牙弹的琴，便说："这是瑶琴，相传是伏羲氏造的。"接着他又把这瑶琴的来历说了出来。听了打柴人的这番讲述，俞伯牙心中不由得暗暗佩服。接着俞伯牙又为打柴人弹了几曲，请他辨识其中之意。当他弹奏的琴声雄壮高亢的时候，打柴人说："这琴声，表达了高山的雄伟气势。"当琴声变得清新流畅时，打柴人说："这后弹的琴声，表达的是无尽的流水。"

俞伯牙听了不禁惊喜万分，自己用琴声表达的心意，过去没人能听得懂，而眼前的这个樵夫，竟然听得明明白白。没想到，在这野岭之下，竟遇到自己久久寻觅不到的知音，于是他问明打柴人名叫钟子期，和他喝起酒来。俩人越谈越投机，相见恨晚，结拜为兄弟。约定来年的中秋再到这里相会。

和钟子期洒泪而别后第二年中秋，俞伯牙如约来到了汉阳江口，可是他等啊等啊，怎么也不见钟子期来赴约，于是他便弹起琴来召唤这位知音，可是又过了好久，还是不见人来。第二天，俞伯牙向一位老人打听钟子期的下落，老人告诉他，钟子期已不幸染病去世了。临终前，他留下遗言，要把坟墓修在江边，到八月十五相会时，好听俞伯牙的琴声。

听了老人的话，俞伯牙万分悲痛，他来到钟子期的坟前，凄楚地弹起了古曲《高山流水》。弹罢，他挑断了琴弦，长叹了一声，把心爱的瑶琴在青石上摔了个粉碎。他悲伤地说："我唯一的知音已不在人世了，这琴还弹给谁听呢？"

两位"知音"的友谊感动了后人，人们在他们相遇的地方，筑起了一座古琴台。直至今天，人们还常用"知音"来形容朋友之间的情谊。

 嵇康爱竹

嵇（jī）康，字叔夜，谯郡铚（今安徽濉溪临涣集）人，三国时魏末文学家，思想家与音乐家。竹林七贤之一和事实上的精神领袖，魏晋玄学的代表人物之一。

魏晋时候，在古山阳（今河南修武）的嵇公竹林里，聚集着一群文士，他们谈玄清议，吟咏唱和，纵酒昏酣，遗落世事，以其鲜明的人生态度和独特的处世方式引起了世人的广泛关注，成为中国文化史上一个广受争议的群体，也成为魏晋时期的一个文化符号。他们就是被称为竹林七贤的嵇康、阮籍、山涛、向秀、刘伶、阮咸和王戎。

嵇康是曹操的孙女婿，年纪轻轻就步入官场，官拜中散大夫。按照常理，"学不师授，博览无不该通"的嵇康正可以在官场上有一番作为。但是，嵇康

却成了竹林七贤中最不愿意涉足官场是非的人物。他娶长乐公主之后，不久即移居山阳，远离了是非之地，过上了不过问政治的处士生活，直至最后因钟会构陷被杀。

嵇康特别喜欢竹子，在居住的地方亲手栽种了好几亩竹子，连房子也全由竹子建成，室内的所有用具也都用竹子制作。为了挡住俗客，他特地在门口醒目处贴了一句诗"竹林深处有篱笆"。一天，阮籍来拜会他，一看这句诗，知道主人有意闭门谢客，于是续写道："篱笆难挡笛声传"，并拿起桌上的竹笛吹起来。就在这个时候，山涛、刘伶、阮咸、向秀、王戎一起来到嵇家，进屋后看见桌上嵇康写的诗句，于是放声大笑，并逐一连句，合成七句："竹林深处有篱笆，篱笆难挡笛声传。笛声换来知音笑，笑语畅怀凝笔端。笔笔述志走笔端，笔笔录下珠玑言。箴语共话咏篁句，"嵇康在内室看见众人特地来拜访，又见联句首字皆关竹子，由此知道来者都是爱竹之人，便出来相见，并续上尾句："篁篁有节聚七贤。"

这七人本来都志在退隐，无心仕进，可说是同气相求，同声相应，只可惜在司马氏淫威的逼迫之下，有人志节不坚，改变初衷，或被迫入仕，或卖身投靠，只有嵇康"虽九死其犹未悔"，始终不与司马氏合作，最终惨死在司马氏的屠刀之下。

竹林七贤留给后人的不仅仅是他们的任情和率性，也不仅仅是那些和任情率性相关的故事。他们的人格精神，他们的潇洒怀抱，他们的处世方式，他们的文学创作，他们的多才多艺，影响了一个时代，影响着中国文化和传统文人。

 # 王羲之爱鹅

东晋王羲之的书法很有名。当时的人们都把他写的字当作宝贝。

王羲之有他特殊的癖好。不管哪里有好鹅，他都有兴趣去看，或者把它买回来玩赏。山阴地方有一个道士，他想要王羲之给他写一卷《道德经》。他打听到王羲之喜欢白鹅，就特地养了一批品种好的鹅。王羲之听说道士家有好鹅，真的跑去看了。当他走近那道士屋旁，正见到河里有一群鹅在水面上悠闲地浮游着，一身雪白的羽毛，映衬着高高的红顶，实在逗人喜爱。王羲之在河边看着看着，简直舍不得离开，就派人去找道士，要求把这群鹅卖给他。那道士笑着说："既然王公这样喜爱，就用不着破费，我把这群鹅全部送您好了。不过我有一个要求，就是请您替我写一卷经。"王羲之毫不犹豫地给道士抄写了一卷经，那群鹅就被王羲之带回家了。

据说，品性高洁的王羲之对做官没有多大兴趣，就离开嘈杂烦闷的京城，来到了风景宜人的江南，他在绍兴一带居住时，经常漫步在水乡泽国，观察群鹅。一只又一只的鹅啊，羽毛整洁美丽，体态雍容华贵。它们有的浮游，有的高歌，有的嬉戏，他入迷地看啊，看啊，有时竟忘了回家吃饭。 有一天，在郊外的农村他惊喜地发现，有只鹅长得不同寻常，它的羽毛像雪一样白，顶冠像

宝石一样红，尤其是叫声分外悦耳动听，他非常喜爱，立即派人到附近去打听，想把这只鹅买下来，就是多出一倍的钱，也在所不惜。一了解，原来鹅的主人是一位白发苍苍的老妇人，老人家身边没有什么亲人，只有这只白鹅作伴。她虽然家里很穷，这只鹅却怎么也舍不得卖。王羲之知道了这些情况后，完全体谅老人的心情，表示不买这只宝贵的鹅了。为了仔细观察，他决定登门拜访。再说这位老妇人，当她听说是书法家王羲之要到她家来参观时高兴极了，可是拿什么来招待贵客呢？老人家正在犯愁，忽然院子里响起了"哦——啊——"的叫声。为了招待客人，老人就把心爱的白鹅杀了，做了一道美味的菜肴，等待王羲之的到来。不一会儿，王羲之迈着匆匆的步伐走进这简陋的茅屋。当他了解到热情慷慨的主人把仅有的一只心爱之物拿来待客时，眼睛湿润了：他为

这只鹅的死感到可惜，更为主人的盛情所感动……于是，他要人找来墨笔，在随手带来的六角竹扇上挥毫写字，递与老妇人，嘱咐说："老人家，我没什么感谢您的，请把这个扇子拿到市上，卖上100钱，用来贴补生计吧。"老人推辞不要，羲之深情地说："这是我孝敬你老人家的一点心意啊！"

王羲之如此爱鹅，鹅也曾给他带来了一些麻烦和懊恼。相传，王羲之有颗心爱的明珠，他为使自己十指更为灵活、有力，经常将珠用双手摩挲。一天，明珠失踪，四处寻找均未见到，羲之怀疑是借住他家的一个化缘和尚所窃，故对他日渐冷淡。和尚受辱，又不便申辩，终致绝食圆寂。事出有奇，王家的一只鹅也不思饮食而死，家人宰鹅时发现那颗明珠竟在鹅的胃中。真相大白，羲之后悔不已，为示忏悔，将邸舍改为寺，取名"戒珠寺"。后来，人们为纪念这位伟大书圣的知过认错、胸襟坦荡的高尚品格，在戒珠寺内给他塑了一尊坐像。像旁立着两

个侍者：一个怀抱双鹅；一个手执佛尘。张大千先生瞻仰书圣遗迹时，面对此景，心潮澎湃，为寺院山门挥写了这样一副楹联："此处既非灵山，毕竟什么世界；其中如无活佛，何用这样庄严。"

书圣的一生，可说与鹅结下了不解之缘。鹅者，我鸟也。故又传说，王羲之最后成仙升天时，还是骑着白鹅去的呢。这佳话也说明了书圣一生至死都爱

鹅的情景。

　　王羲之所以爱鹅，主要是从鹅的举止中领悟书法艺术的"语言"。王羲之的书法，用笔干净，动中有静，意境清穆而含情致，似乎有鹅的那种神态美。《兰亭序》里有20余个不同写法的"之"字，犹如那鹅转变悉异的形象：或埋首理翅，或引颈前趋，或昂首远顾……生动活泼，情趣盎然。王羲之爱鹅还为了研究执笔、运笔的方法。为此，清代著名书法家包世臣曰："全身精力到笔端，定台先将两足安。悟入鹅群行水势，方知五指用力难。"

出自：《晋书·王羲之传》

陶渊明爱菊

陶渊明（约365—427），原籍鄱阳人，字元亮，号五柳先生，世称靖节先生，入刘宋后改名潜。东晋末期南朝宋初期诗人、文学家、辞赋家、散文家。陶渊明的一生都与东园菊圃息息相连，东园中的五柳、青松和一年四季盛开的菊花成了陶渊明人品风格的象征。陶渊明辞官归里，过着"躬耕自资"的生活。因其居住地门前栽种有五棵柳树，故被人称为五柳先生。夫人翟氏，与他志同道合，安贫乐贱，"夫耕于前，妻锄于后"共同劳动，维持生活，与劳动人民日益接近，息息相关。

一天，有个少年前来向他求教说："陶先生,我十分敬佩你渊博的学识,很想知道你少年时读书的妙法，敬请传授晚辈不胜感激。"陶渊明听后大笑道："天下哪有学习妙法?只有笨法全靠下苦功夫,勤学则进辍学则退!"陶渊明见少年并不懂他的意思，便拉着他的手来到种的稻田旁，指着一根苗说："你蹲在这儿仔细看看,告诉我它是否在长高?"那少年遵嘱注视了很久，仍不见禾苗往上长，便站起来对陶渊明说："没见长啊！"陶渊明反问道："真的没见长吗？那么矮小的禾苗是怎样变得这么高的呢？"陶渊明见少年低头不语，便进一步引导说："其实,它时刻都在生长，只是我们肉眼看不到罢了。读书学习也是一样的道理,知识是一点一滴积累的,有时连自己也不易觉察到,但只要勤学不辍就会积少成多。"接着陶渊明又指着溪边的一块磨刀石问少年："那块磨刀石为何像马鞍一样的凹面呢？""那是磨成这样的。"少年随口答道。"那它究竟是哪一天磨成这样的呢？"少年摇摇头。陶渊明说："这是我们大家天天在上面磨刀、磨镰日积月累,年复一年才成为这样的。学习也是如此,如果不坚持读书,每天都会有所亏欠啊!"少年恍然大悟,连忙再向陶渊明行了个大礼说:"多谢先生指教,学生再也不去求什么妙法了。请先生为我留几句话,我当时时刻刻记在心上。"陶渊明欣然命笔写道:"勤学如春起之苗,不见其增日有所长;辍学如磨刀之石,不见其损日有所亏。"

渊明爱菊,宅边遍植菊花。"采菊东篱下,悠然见南山。"

东园菊圃始建于渊明前妻陈氏逝世之后。渊明的前妻陈氏,知书达礼,温柔贤淑,而且肤色白皙,面貌姣美。他与渊明结婚六年,育有四子,由于生育过密,加之平日操劳过度,身体虚弱不堪,在一个灾荒之年的暮秋季节,香消玉殒,魂归天国。陈氏的早逝,对于中年丧妻的陶渊明来说,悲痛得几乎难以自制,他含泪作了一篇《闲情赋》,表达了他对爱妻的一片真情。作完这篇《闲情赋》之后,他迈着沉重的步履,漫无目的地来到东园。秋意已经很浓,一阵西风吹来,使他感到了些许寒意,他下意识地走到青松之下,猛然间,他见西侧院墙的一角,有一棵盛开的菊花,花枝上缀着三四朵硕大的花朵,几只色白背青的凤蝶正在花朵周围飞舞盘旋,菊花与飞蝶相映成趣,组成了一幅颇为自然和谐的图案。这景象使他想起了昨晚的梦境。昨晚他又与陈氏夫人在梦中相会,在一番缠绵之后,夫人对他说:"我乃天上御花园中的菊花仙子,如

今我俩尘缘已了，又重新回到天界，而今天地两隔，望夫君多多保重，勿以我死伤悲。"梦醒后，渊明的心里空落落的，现在见了这东园中的菊花，他的眼睛突然一亮，他想：那不就是我那位通体透光、神采夺目的美人吗？他快步走到菊花旁边，在它的四周垒起了一个小小的花坛，心中默默许愿：菊花啊！让我这一生与你永远相依相伴吧！

　　从此，陶渊明迷上了菊花，在东园辟了个花圃，专门用来栽培菊花。凡经过渊明亲手侍弄过的菊花，株株壮健，枝枝挺拔，花色艳丽，更奇妙的是一般菊花通常是春生夏长，秋季开花，而渊明的菊圃之中，几乎一年四季都有菊花在盛开，一茬接着一茬，常盛不衰、四季如秋。每当秋风一起，东园中的菊花竞相开放，花朵黄白相间，青红错杂，引得满园蜂蝶纷飞。一些倾慕者又给渊明加了一个雅号，尊称他为"菊仙"，也有人暗地里称他为"菊痴"。

孟浩然（689—约740），襄州襄阳（今属湖北）人，早年隐居鹿门山。

孟浩然少年好学，酷爱梅花，隐于鹿门山。40岁时，游学长安，考

孟浩然爱梅

进士不中。一次王维私邀其入内署做客，正巧唐玄宗前来探访王维，情急之下，孟浩然藏匿床下，王维则以实情相告。唐玄宗早已耳闻孟浩然才华出众，便诏其出来诵诗一首，希望其能一展才华，为朝廷做官。但孟浩然诵诗时，却巧用诗句表达自己并无求仕之心。唐玄宗爱其才能，更被其人品和诗词所打动，只好由他而去。从此，孟浩然淡泊名利，寄怀于山水之间。

唐开元年间，在襄阳鹿门山到大王洲的汉水沙滩上，一年四季可看到一个中年人在江边的沙滩上走来走去。他一不过河，二不候客，时而抬头远眺群山，时而俯视江河沙面，一年四季如此。即使是在大雪纷飞的日子里，他也是如此，而且雪下得越大，他就越是不停地走在被鹅毛大雪覆盖的白茫茫的"雪毯"上，好像在寻找什么东西一样。

来往渡口的人们好奇地向这位踏雪的人问道："浩然公，天气如此寒

冷，您一个人在沙洲上走来走去，是在寻找什么东西吧？"孟浩然抬头乐呵呵答道："我在这里寻梅。"乡亲们再看看他在雪地上踩出的一个一个脚印，真像是一朵朵"梅花"散落在大王洲上。因此有人送了孟浩然这样一首打油诗："数九寒天雪花飘，大雪纷飞似鹅毛。浩然不辞风霜苦，踏雪寻梅乐逍遥。"

　　孟浩然在沙洲上到底在寻找什么"梅"呢？传说，孟浩然早年与山水诗人王维结成了诗友，书信来往密切。有一年王维从长安来到襄阳，这使孟浩然喜出望外，赶忙为王维接风洗尘，并邀襄阳名流赋诗作文，以助酒兴。孟浩然以主人身分先赋了这样两句诗："千瓣梅花傲霜雪，春笋遇雨日三尺。"自认为是佳句。接着王维举杯出口："积雨空林烟火迟，蒸藜炊黍饷东菑。"在坐的听了肃然起敬，一致称赞王维的诗技巧高超，大家向他求教，王维推脱不过，只好说道：

"万千字词任其用，诗之精灵在四周。"孟浩然听后则面带愧色，但也备受启发。因此，决心体察一年四季山水景色变化的大自然之美，以填充自己创作的不足。经过数年刻苦观

察后，写出了不少好的田园诗。46岁他游京师时，适逢中秋佳节，长安诸学者邀他赋诗作会，他以"微云澹河汉，疏雨滴梧桐"之句，博得在坐诗人击掌称绝。

　　隆冬季节，百花中，只有梅花在风雪中独自开放，愈是寒冷，愈是风欺雪压，梅花开得愈精神，愈秀气。梅花斗雪凌霜、香清寒艳、淡雅圣洁的品德，恰恰符合那些气节高坚的人。于是，踏雪寻梅，成为寻找心灵的滋养和精神的支撑，演绎为千古流传的佳话。

林和靖爱鹤

　　大约1000年前，在秀美的西湖上，有一座梅花岛。岛上住着一位诗人。见过他的人都说他"云剪乌纱雾剪衣""风姿飘逸，若高峰瀑布，望之可敬，即之愈清"，这位清俊高洁的诗人就是林和靖。

　　林和靖，名逋，字君复，钱塘人。和靖是宋仁宗赐的谥号。在宋初众多的文人士大夫中，这位风度翩翩、超凡脱俗的林处士算得上是一个佼佼者。他功诗词、精音律、尚书法，兼有各方面的艺术才能。其身前死后的赞誉，也散见于宋代文人笔记之中。

　　本来他琴棋书剑诗酒画，无一不精，正可倚优而仕，以兼济天下。真宗上台后的多次御驾亲征打击异族入侵也曾使恬静的林逋雄姿英发，戎装佩剑，毅然出行。但真宗并没有善始善终，反而在澶渊之盟后大搞形式主义的"天书封禅"。文人一纸谀文便可得官晋爵。行途所见让林逋义愤填膺，他愤然回到杭州，隐居到孤山，过起了独善其身、妻梅子鹤的生活。"薄夫何苦事奸奸，一室琴书自解颜"，正是他此后终生不仕的生活写照。

　　林逋定居以后，就着手装点孤山。孤山位于西湖之中，四周碧波荡漾，景物如画，"青山绿水最相宜"。隐居于此的林逋，以个人菲薄的力量栽花种树，既因地制宜，亦更要和着自己的性情。孤风凛凛的他当然不会选择栽种艳桃媚柳，况且孤山本是有梅的，白居易说"伍相庙边紧似雪，孤山园里丽如妆"，大概只是没有形成规摸罢了。林逋从所居的山园开始种梅，绕屋依篱，高高下下，一路种到湖边，又依山伴水延伸开来。对于每一棵梅树，他育苗、培土、除虫、

整枝，精心管理。林逋种的梅花据《御览孤山志》记载，共360余树，整个孤山也变成了天下闻名的梅花屿。每当梅树开放之日，也就是林逋最快乐的节日。这时候的林逋遥襟甫畅，逸兴遄飞；煮酒观梅，赋诗得句。"辛苦灌园欲何知，种得梅林尽是诗。小梅斜插银杭月，正是逋郎得句时。"林逋写梅，爱之甚深。他笔下的梅花冰清玉洁，卓雅超群，缟素襟怀，冷香风骨。形是梅花，而魂，正是他自己。因而在这样众芳摇落，香雪消融的梅花盛开的季节，当然只有风流高雅的林逋；只有"风俗因君厚"的林逋；只有寄毕生于梅的林逋才吟得出"疏影横斜水清浅，暗香浮动月黄昏"的千古佳句。南宋评论家张炎说，没有任何一个诗人在咏梅上可与林逋并驾齐驱。诗人王十朋也说，"暗香和月入佳句，压尽古今无诗才"。后人说他有"梅妻"。

本来梅花已为林逋倍添了浪漫与高雅，可怜种梅之外，林逋还有一个嗜好就是养鹤。这使得他"梅妻"之外又得了"鹤子"的佳名。《淮南子》说"鹤寿千岁，以极其游"，鹤是一种佳禽，象征着长寿与吉祥。林逋在孤山养的一对丹顶鹤，名叫鸣皋，典故出在《诗经·小雅》。传说这对鹤通人性，与林逋异常亲密，堪称父子：林逋于林间散步时，鸣皋跟在其后，彬彬有礼，潇洒而悠闲；林逋与高僧品茗时；鸣皋在一旁侍立，温文尔雅，

恭敬而谦和；林逋同墨客对弈时；鸣皋冷眼旁观，安详而闲适。有贵客到时，鸣皋还随歌低吟，起舞助兴。当然林逋养鹤，除性格使然外，还有它的实际用途。当时的林逋已名动江吴，慕名来访的人很多有人甚至不远千里，但除了梅花盛开的时候林逋居家不出外，平时他很爱荡舟西湖，游山玩水。每当林逋外游时，他的童仆就收鹤于笼中；当有客至时，童子就放鹤翔于西湖之上，声闻于天。林逋知是客人至，就会披风返棹而归。客人们经常惊讶他的不告而归，也更加敬仰他与鸣皋之间的"父子"情深。

　　传说林逋死后，那一对丹顶鹤日夜悲鸣不止，最后双双死于墓前。孤山的梅花本也有红有白，自林逋死后也一律成了缟素。人们踏雪寻梅，却在也找不到梅妻鹤子林和靖了。如今的孤山大概是"梅花已老亭空鹤，处士长留山不孤"。而孤山的梅花呢？后人风趣地说："只因误识林和靖，惹得诗人说到今。"

米元章爱石

米元章，原名米芾（1051—1107），太原人，字元章，号襄阳居士、海岳山人等。后迁居湖北襄阳，长期居润州（今江苏镇江）。曾任校书郎、书画博士、礼部员外郎。善诗，工书法，擅篆、隶、楷、行、草等书体，长于临摹古人书法，达到乱真程度。与苏轼、黄庭坚、蔡襄并称宋代四大书法家。他一生博雅好石，精于鉴赏。他生性诙谐古怪，好洁成癖，有人赠诗予他："衣冠唐制度，人物晋风流。"

米元章为皇家书画博士。宋徽宗与蔡京在书房讨论典籍时，突然想起应召米元章前来，于是宣召。不一会儿，米元章来到书房。徽宗让他在一大屏风上书写记录，并指着御坐前的一个砚台说："就用它吧。"米元章一看这砚是端州石砚，心里非常喜爱，书写完毕，他捧起这方砚台说："这个砚台，已被臣下所用，不能再为皇上所用。"徽宗大笑说："那好吧，就赐给你算了。"米元章急忙谢恩。然后，满脸喜色，抱着砚台告退，只见砚中余墨尽沾袍袖，也全然不顾。徽宗见状，对蔡京说："人都说米芾癫狂，果然名不虚传。"

米元章被派守涟水。这里地接灵璧，多有美石。米元章每次得到石头，他必一一细细品看，并加以美名。为此，他甚至会终日与石为伴，不出理事。这

一情形让他的上级杨杰知道了，认为这是因石废事，于是前来质询他。一见面，杨杰就板着面孔，以上司的口吻对他说道："朝廷把千里郡邑这么大的地方交付你管理，就是你拿出全部的精力来，还恐怕会出什么纰漏，而你如今却终日玩弄石头，不用心理事，这怎么可以。你的这个毛病得改，否则，上面追查下来，到那时，你就后悔也来不及了。"但米元章听完这一席话后，并没在意，反而走上前来，用手从左衣袖中拿出一石，只见这石其状嵌空玲珑，峰峦洞穴皆具，色极清润。米元章举石辗转反复让杨杰看，然后说道："如此美石，让人哪得不爱。"见杨无动于衷，把这石放入左袖后又拿出一石。这一块，叠嶂重峦，更胜前者，但仍没打动杨杰。最后，他于袖中再次取出一石，只见该石尽天划神镂之巧。这次，杨杰再也忍不住了，不由地说道："不独你爱，我亦爱之。"随即从米元章手中夺过，坐车离去。

他因为整日醉心于品赏奇石，以至于荒废公务，好几次遭到弹劾贬官司，但他仍然迷石如故，丝毫无悔改之意。一次，他任无为州监军，见衙署内有一立石十分奇特，高兴得大叫起来："此足以当吾拜。"于是命左右为他换了官衣官帽，手握笏板跪倒便拜，并尊称此石为"石丈"。此事很快传播开来，人们都觉得他的行为好笑。后来他又听说城外河岸边有一块奇丑的怪石，便命令衙役将它移进州府衙内，米芾见到此石后，大为惊奇，竟得意忘形，跪拜于地，口称："我欲见石兄二十年矣！"另一次，他得到一块端砚爱不释手，竟三连三天抱着它入睡，并请好友苏东坡为砚石作铭。

米芾一生收藏的砚山和石砚非常多。他在给想从他那儿得一方石砚的朋友写信中这样写道："辱教须宝砚，去心者为失心之人，去首者乃项羽也。砚为吾首，谁人教唆，事须很研。"由此可见，石头就是他的命。

周敦颐爱莲

周敦颐，原名敦实，谥号元公，号濂溪，出生在广西贺州桂岭镇，祖籍道州营道（现今湖南道县），中国北宋思想家、理学家、哲学家、文学家。世称"濂溪先生"，理学派开山鼻祖。

周敦颐喜爱莲，并与合州有着特殊的渊源。公元1056年，皇帝御笔钦点，任命他为合州通判。有一次，他从合州乘舟而上，前往南部拜访蒲宗孟。途中，他对慕名而来的求学者讲道："一个人的爱好不尽一致，比如世上的花很多，晋朝的陶渊明偏偏爱菊花，李唐以来的世人又多爱牡丹。我朝诗人林逋以梅为妻，终身不仕不娶。而我最爱莲花，你看它处于淤泥而不被污染，濯于清涟而不显妖媚。中间通达，外部秀直，没有枝蔓，亭亭玉立，香远溢清，可以远观，而不能随意把玩。这四种花，好比四种人，菊花是隐逸之士，牡丹是富贵之人，梅花是高雅纯洁之人，莲花是人中君子。然而，菊花虽好，却幽居独处，孤芳自赏；牡丹虽艳，似富贵荣华，正合世俗；梅花孤芳高洁，岁寒时只与松竹为友。唯有莲花，端庄正直，清高不凡，具有君子风范，生活在世俗而不为世俗所污。"

周敦颐是一位非常能干并且有一定政绩的官吏，当时以他明察秋毫、坚持原则、不媚权贵、明断狱案而闻名朝野。在他初任洪州分宁县主簿的时候，就显示了他的才能。到任后，该县有一疑案拖了好久不能判决，周敦颐到任后，只审讯一次就立即弄清楚了。县里的人吃惊地说："周公断案，连老狱吏也比不上啊！"

公元1044年，周敦颐调南安军司理参军。第二年，南安有个囚犯，根据法律不应当判处死刑，而转运使王逵却决定严加处理。王逵是个残酷凶悍的官僚，众官虽觉不当，但他们慑于王逵的权势，不敢出面争辩。这时，周敦颐站了出来，与王逵据理力争，坚持应当依律判决入狱。王逵不听，周敦颐愤怒地扔下手中记事的笏板，准备弃官以示抗争，并且气愤地说："难道可以这样做官吗？用杀不该处

死的人的办法取悦上级的事情，不是我该做的。"王逵终于省悟，放弃了原来的意图，囚犯才幸免于死刑。

周敦颐调任南昌知县，南昌人都说："这是能弄清分宁县那件疑案的人，我们有机会申诉了，他可是当代大清官啊！"。那些富豪大族、狡黠的衙门小吏和恶少都惶恐不安，不仅担忧被县令判为有罪，而且又以玷污清廉的政治为耻辱。他担任合州通判的时候，狱门里大大小小的事情，不经他的审定，下面的人都不敢作决定，即使交下去办，老百姓也不愿意。部使者赵抃被一些毁谤他的话所迷惑，对他的态度很严厉，周敦颐处之泰然。后来周敦颐当了虔州通判，赵抃是虔州的知州，仔细观察了他的所作所为，才恍然大悟，握着他的手说："我差点失去你这样的人才，从今以后算是了解你了。"后来，周敦颐担任郴州的知州。由于赵抃和吕公著的推荐，做了广东转运判官，提点刑狱，他以昭雪蒙冤、泽及万民为己任。巡视所管辖的地区不怕劳苦，即使是有瘴气和险峻遥远之地，也不慌不忙地视察。黄庭坚这样评价周敦颐"人品很高，胸怀洒脱，像雨后日出时的风，万里晴空中的月，不贪图获取名声而锐意实现理想，淡于追求福禄而重视得到民心，自奉微薄而让孤寡获得安乐，不善于迎合世俗而重视与古人为友！"

周敦颐喜爱莲高洁正真的形象和品质，并用一生的实际行动践行和塑造了莲的品格，成就了他一代大儒的风范，他的人品和思想，千百年来一直为人们敬仰。

珍贵的碑文

社旗山陕会馆现存碑文石刻共计9通,其中关于记述商业道德规则及会馆兴建活动的碑刻7通,这些碑刻都刻立于三四百年以前,除了所刻内容异常丰富以外,它所包括的行业范围、商业范畴也非常广泛,对于今天我们的考古、研究,具有很高的借鉴价值。

公议杂货行规碑记

公议杂货行规碑记　局部

过载行差务碑

盖闻祀有定制，事有成规。即我等过载行先辈原有议定章程，虽历久而不容紊乱。奈世远人湮，前定者百无一二。即支官席片，屡经加增日复一日，一以倍十，总倾业办公，毫无已时。兹于道光二十三年解义和首充行头，因差务繁紊倍苦不堪，呈词

台案下蒙批仰南阳府确查究详，今蒙府宪恩结。着应支差事照旧办理，毋容浮派。至于席片始有定额。

每年府置凉棚二千三百条，县置凉棚二千二百条，宛博林三驿每壹百条，院府考八百八条，院县考六百三条，教场院考五百条，教场府考四百条。至有贡差换仓，以及抚宪阅兵，另酌办理。恐历久加增，后不复前，故立琐珉，以为千古流传云尔，是为序。

大清道光二十三年八月十二日

赊旗镇过载行　仝立

【说明】过载行。赊旗镇是在兴隆店的基础上发展起来的。明万历四十三年（1615），兴隆店从河南街向赵河北岸迁拓，因水陆交通便利,商业得到迅速发展，从清康熙元年（1662）到咸丰十一年（1861）的200年间，赊旗镇已形成九省通衢的交通要道。是"北走汴洛,南船北马,总集百货"的"豫南重镇"，商贾往来热闹非凡。主要经营的粮食、食盐、棉花、布匹、煤炭、竹木、茶叶、桐油、生漆、药材、曲酒等。当时有"拉不完的赊旗店,填不满的北舞渡"的说法。过载行就是当时南北货物过往的成交转运站，全镇共有48家，其中最大的过载行有：兴隆店、永盛店、永成店、恒泰店、泰兴店等。

公议杂货行规碑记

　　盖闻，通商惠贾，自古训之,岂属在开张行店而可无定规欤？本镇之有杂货行由来已久,似无烦淤再议矣。第以人心不古,规矩渐没,或妄翼重资弄巧成拙,希图蝇头徇私而害公,因是赔累莫支,以致倒塌之患者有矣。夫生意之盛衰,一视乎行家,行家既已赔累, 又奚望生意之长盛乎？以故行客闻之而胆战,每每发货他处,铺家见之而心寒,往往收拾不做。如是不改,其何能堪哉？爰是集我商行, 公议规程,历剔弊端,使勿二而三斟酌尽善。期可大而可人。行见规矩画一,主客两便,利人利己不必衰多而益寡,是训韪行,自可近悦而远来,则所以惠商贾之道,不诚在是哉！左详条规,以示不朽云。

一、卖货不得包用,必要时落三分,违者罚银五十两。
一、如有旧店换人名者,先打出官银五十两会行友,违者不得开行。
一、卖货不得论堆,必要逐宗过秤,违者罚银五十两。
一、不准合外分夥计,如违者罚银五十两。
一、卖表辛不得抄红码,必须过秤,违者罚银五十两。
一、不得沿路会客,如违者罚银五十两。
一、落下货,本月内不得跌价,违者罚银五十两。
一、不得在门口拦路会客,任客投主,如违者罚银五十两。
一、银期不得过期,如过期者,按生意多寡出月利。
一、不得假冒名姓留客,如违者罚银五十两。
一、结帐不得私让分文,如让者罚银五十两。
一、不得在人家店中勾引客买货,如违者罚银五十两。
一、卖货破烂水湿,必要依时价公除。
一、不得在栈房门口树立招牌,只写某店房,如违者罚银五十两。
一、平色有公议码一副,足纹银九、七、八、六为则。
一、每年正月十五演戏敬神,各家俱要齐备,如故违者不许开行。
一、有开新行者,必先打出官银五十两。
一、客到店中吃饭俱要饭钱。

大清乾隆五十年岁次乙巳九月十七日
阖镇　杂货行　仝立

创建春秋楼碑记

窃闻五经之有春秋，犹律有断例，百王法度，万事准绳。皆在此经而实与诗为表里，自雅诗既亡，大道不著，圣人乎有深忧焉！于是托二百四十年南面之权以作《春秋》。《春秋》既成，去圣百世，以心印心能究其旨者，惟亚圣。迨至汉末，能以圣人之志为志，而明其好者，惟我关圣帝君。是以凡名胜之区，悉建庙以崇祀典，而楼阁之以《春秋》名，所在多有。先儒云：春秋化工也，春秋山岳也，既切崇奉之隆，尤宜位置之焉，所以尊经，所以延圣至肃也。斯镇居荆襄上游，为中原咽喉，洵称圣地。镇兴伊始，立庙之初，即谋卜地为建楼之基。而未逮者，以事巨用广，工大费奢，倘施有不给，胡以观成。且楼建所需，非大木无以胜任；而厥木惟乔，实产南邦，越道里之遥而购之，恐非易事。抑更有难者，欲造虹梁云栋之奇，非具月斧云斤之手，无以施其巧，而宋斤鲁削散处天下，何以招来而罗致之？今首事诸君，幸逢崇圣右文之盛世，毅然以为己任；各输其诚，各展所长，或视优而审其向背，或奖善而劝其募化，或效奔走取材于楚，泛江河而来宛郡，或周知四方，遍访匠师，集工倕之技于庙建，凡数阅寒暑，而百物备，五材具。然后椎山而石，剧地而陶，巍然落成。第见各洛洛巩固，

迥出霄汉，金碧辉煌，光映日星。试置身其上，凭眺宇内，皆在远瞻旷览中。而翘首向南，又若可俯视焉。巍巍乎登临岳之峻，初不知身向碧云也。自此地以楼传，益显坤舆之秀；楼以经传，永惟圣数之尊，以视崇阁岑楼之无于褒贬，无尤关乎赏罚，其有于世道人心为何，如彼流连景物之词概不敢录，俱褒也。爰具颠末，勒负赑屃，以志不朽。
原任卫辉府新乡县训导加一级南安郭兴贤

  沐手撰文
  后学弟子凤城谢元龙　沐手书丹
  后学弟子绛州王特生　沐手沕名
  首人；义和店　　双城铺　　兴盛昆号　　永合店
    正顺魁号　永升铺　　天禄馆　　　世德号
    永丰粉店　聚兴铺　　四舍磁铺　　王盛公记
    复兴合记　公兴远记
       龙飞乾隆肆拾柒年岁在壬寅冬拾贰月　谷旦
                 李　相
            主　持　大
               王　聊

南阳赊旗镇山陕会馆铁旗杆记

赊旗镇在县治之东百里,地属水陆之冲,商贾辐凑,而山陕之人为多,因醵金构会馆。中祀

关圣帝君,以

帝君亦蒲东产,故专庙貌而祀加,处其余金则缮廊庑,岁时伏腊同人展廊口口讲公事咸在乎是,落成有日矣。而我朝邑一属之所募,除公用外,独赢三千余金。庙之壮丽不可有加,又不可折空入私。因铸铁旗杆二株重五万余斤,树于大门之左右。会馆为两省之公所,而是举也,则我朝邑一属人之所保自欤其区区者也。山陕会馆遍天下,皆宏敞可观。第朱仙镇有铁旗杆,今于赊旗镇再见。

神之诚可卜,其邀福之厚,斯不可以无记也。同人以余原隶朝邑□□□□□□□□□□□□□□□

丁卯科举人候选知□□□

登仕佐吏部候选张□敏敬书丹

朝邑

陕西同州府大荔县经理首首人(商号漫漶从略)王大卿(漫漶从略)

郃阳

大清嘉庆贰拾贰年岁次丁丑榴月上浣谷旦

同行商贾公议戥称定规碑

碑高1.57米，宽0.62米，厚0.155米，碑座已失，现立于药王殿前。记述了赊店镇兴起时的状况以及为除弊兴利、求得发展而成立的山陕商贾民间组织为维护。

赊旗店，四方商客集货兴贩之墟。原初，码头买卖行户原有数家，年来人烟稠多，开张卖载者二十余家。其间即有改换戥称大小不一，独网其利，内弊难除。是以，同行商贾，会同集头等，齐集关帝庙，公议：称足十六两，戥依天平为则，庶乎较准均匀，公平无私，俱各遵依。同行有和气之雅，宾主无棘庚之情。公议之后，不得暗私戥称之更换，犯此者，罚戏三台。如不遵者，举称禀官究治。惟恐日后紊乱规则，同众禀明县主蔡老爷，金批钧谕，永除大弊。

　　山西平阳府曲沃县
　　傅□□□
　　郭汾□书
　　集头：杨一朝
　　主持道人：舒功志
　　　　　　　萧成元
　　　大清雍正二年菊月
　　　大清同治元年九月初九日重刻
　　　　　　　隆茂店
　　　　行头　　　同立
　　　　　　大生店

重建山陕会馆碑记

赊旗镇山陕会馆由来已久,遐迩驰名。概自咸丰七年八月捻军蹂躏,焚及会馆大殿、廊坊、春秋楼,荦荦大者俱化灰烬。嗣经山陕商贾连年抽厘,希图积少成多。以为重修之资,奈工程浩大,缓不及急,又经同乡大宗捐输,始得鸠工上建。

关帝大座殿,中设大拜殿,前筑大月台,环以石牌坊。拜殿两旁药、马王神殿各三间,东西小腰楼各一间,东西两楼廊各十三间。对面大戏楼两旁佐以钟鼓两楼,南东西马厩各三间,东西辕门两楼洞前跨琉璃大照壁,后树霄汉铁旗杆。虽比旧式少春秋楼一座,而厥功亦伟,气宇宏大,楼阁辉煌,实嘎嘎乎不易。原当告竣之日,理应勒石刻名以垂永久、只因码头中衰,继起无人,一切手续竟尔历年悬空,遽以厘务承之到镇,谬荷同乡官秦公紫剑,张公益齐,并诸乡友,协力整理,爰记其颠末,胪列捐项于两碑阴,以记不朽。

己酉科拔贡六等嘉禾章督军署军法课课员,署理南阳县知事,陕西西口城口辅三篆额。

大学毕业举人,前山西绮氏县知事,现南阳镇署谘议兼南泌方统税局局长,山西安邑□□□□撰。

己酉科拔贡七等嘉禾章河南暂编陆军第一混成旅旅部军法官,山西□城张□谦书丹

原督工首事
广和堂　永禄美　恩聚洪
永源德　蔚成厚　义丰通
万盛堂　永成店　天成局
　　　大中华民国十二年岁次癸亥孟夏上浣 敬立

重兴山陕会馆碑记

　　天下事莫为之始,虽美弗彰;莫为之继,虽胜弗传,赊镇山陕会馆刱于前清乾隆时代,山陕经商于此,各捐资财,置买地基,创建会馆,嗣又增筑群房,添购义地。以叙乡谊,通商情,安旅故,洵为盛举。咸丰七年,会馆被毁大半,嗣经山陕同人集资重修上栋下宇;毅然巍起,数十里外犹望见之,诚赊镇之巨观也。自光绪二十年后,不惟会事不振,而且积弊难返,言之痛心,书之裂眥,幸神默佑,重兴得人;南泌方统税征收局局长宋公万青,山西运城望族也。民国十一年九月莅任,好义急公,力加整顿,联合秦晋各举代表,另选值年会首,详注同乡录,取消鼎元社,改为山陕同乡会,清查捐款,始刻石而记其颠末并整理群房,筹备修筑,兼与众谋及前途诸善举。自此太阿正持,兴利除弊,光前裕后,甚有赖焉。同乡感激,因谋勒诸石,以作纪念,共策进行云;

　　山陕同乡会值年

　　汇丰元　义盛公　玉隆杰　泰兴成　永丰书　致和恒
　　正兴隆　福源和　锦璋德　义丰通　永隆统　广和堂
　　聚生恒　永盛祯

　　会首

　　王聚满　姚昌寿　党燕堂　尉耀星　张园豫　张　步
　　卫承祚　陈浩伦　王长豫　鲁景芳

　　同纪念

　　大中华民国十二年岁次癸亥孟夏上浣　吉立

匾额楹联篇

会馆匾额与楹联

　　匾额和楹联是中国文学独特的表现形式，是中国传统文化的产物。匾额起源于周秦时期，至明清直到民国，达到空前的发展和使用。文字虽少，但词语隽永经典，寓意深奥含蓄。楹联，起源于唐、五代时期，对仗工整、押韵，与匾额遥相呼应。在山陕会馆古代建筑中，随处可见匾额和楹联，直接镌刻或悬挂于建筑物之上，内容丰富，书体行、草、隶、篆俱全，犹如画龙点睛一般，与古建筑交相辉映。提高了会馆文化品位，呈现出中国建筑的民族特色。

题额：义冠古今

　　在这里指关公的忠义精神纵贯古今，博大精深无人能比。

内　联： 经壁辉光媲美富
　　　　　羹墙瞻仰对英灵

经壁：汉武帝时，鲁恭王拆毁孔丘旧宅扩建宫殿，在夹墙中得古文《尚书》《礼记》《春秋》《论语》《孝经》等凡数十篇。因是从墙壁中取出，故称"壁中书""经壁"。

美富：语出《鲁论》，子贡赞颂孔子时有："宗庙之美，百官之富"的言词。

羹墙：《后汉书》卷六三《李固传》："昔尧殂后，舜仰慕三年，坐则见尧于墙，食则睹尧于羹，斯所以聿其孝，不失臣之节者。"

大意是：孔宅经壁中放射出的光辉比得上宗庙之美，百官之富；要以舜对尧面对羹墙那样的仰慕之情，对关公缅怀和追思。

外联：浩气已吞吴并魏
　　　　庥光常荫晋与秦

庥光：荫庇保佑的神光。《文选·嵇叔夜·琴赋》："含天地之醇和兮，吸日月之庥光。"

大意是：关公生前的浩然正气就足以吞并吴国和魏国；而死后的神光还常常保佑着秦晋两地的老百姓。

东辕门
西辕门
　　直接标识建筑物名称，以青石阴刻而成。

升自阶
阅其履
　　分别是东西辕门的内门楣匾额。

　　是说看看关公走过的一生，他的名望与封号步步高升，秉承"忠义"精神，到达更高的境地，同时告诫人们要时常审视自己，防微杜渐。

悬鉴楼

　　这是大清道光二十四年（1844）小阳月毂旦浩生社立的一块匾额。黑底金字。是把戏楼比作一面高悬的镜子，借演先前古事，让后人品评前人的成败得失，吸取教训，总结经验。

外 联： 还将旧事重新演
　　　　聊借俳优作古人

俳优：古代从事歌舞乐和杂戏的艺人的总称，即后世的演员。

大意是：戏剧把过去历史上的旧事重新展现给今天的人们，就姑且将演员当做古人吧。

内联：幻即是真世态人情描写的淋漓尽致
　　　今亦犹昔新闻旧事扮演来毫发无差

大意是：（剧本）把幻想虚构的世间万物人生百态描写的形象逼真；（演员）能把今天的新闻过去的旧事表演的惟妙惟肖。

既和且平

　　同是浩生社立的匾额。语出《诗经·商颂·那》："既和且平，依我磬声"，意思是：曲调和谐音清平，磬声节乐有起伏。用在戏楼之上，是指演员表演和乐队演奏要和谐平稳，同时也体现了商人的一种经营理念，即"和气生财""公平竞争"。

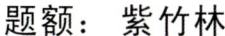

题额：**天五尺**
内联：玉帝门前三尺雪
　　　广寒宫中一支梅
外联：千江有水千江月
　　　万里无云万里天

题额：**紫竹林**
内联：何必远求南海景
　　　此间既是普陀山
外联：大慈大悲
　　　救苦救难

题额：**如是观**
内联：云烟雨露皆适情
　　　花香鸟语最幽情
外联：山外青山楼外楼
　　　西湖歌舞几时休

题额：**别有洞天**
内联：翠竹青松景最幽
　　　人生乐此更何求
外联：曲径回还
　　　咫尺之间

题额：正气森严

浩然正气肃穆威严。

上联：节义克全所以成君子人也
下联：纲常无忝此之谓大丈夫矣

大意是：关公具有精忠大节，仗义秉忠的精神足以成为仁德君子；关公一生遵循三纲五常，刚烈勇猛，这才是真正的大丈夫。

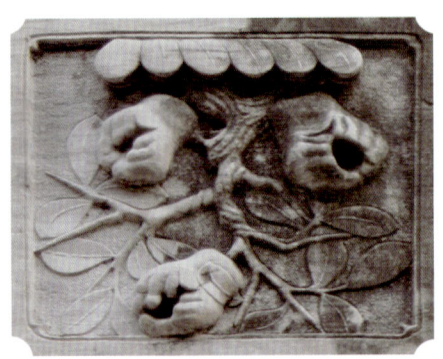

题额：有恪思诚

"恪"指恭敬，谨慎。

是说要以恭敬谦逊的态度来追思关公的正义、诚信精神。

上联：几见称协天夫子其惟至德
下联：曾谁号大帝圣人宜享隆名

夫子：清代关羽封关圣大帝后，许多庙宇正殿都有加冕捧圭身穿龙袍造像。"关夫子"称号更不胫而走，与圣人孔子并列。

大意是：世上有几个像关公那样被尊称为协天大帝，并且具有至高无上的品德；天下人又有谁被尊为大帝，享有如此隆重的名位。

题额：孟氏难言这浩然

出自《孟子·公孙丑章句上》，孟子的弟子公孙丑问孟子："何为浩然之气？"孟子曰："难言也，其为气也，至大至刚，以直养而无害，则塞乎天地之间，其为气也配义于道……"这里意思是说，连孟子也难以说清"浩然"的博大含义。

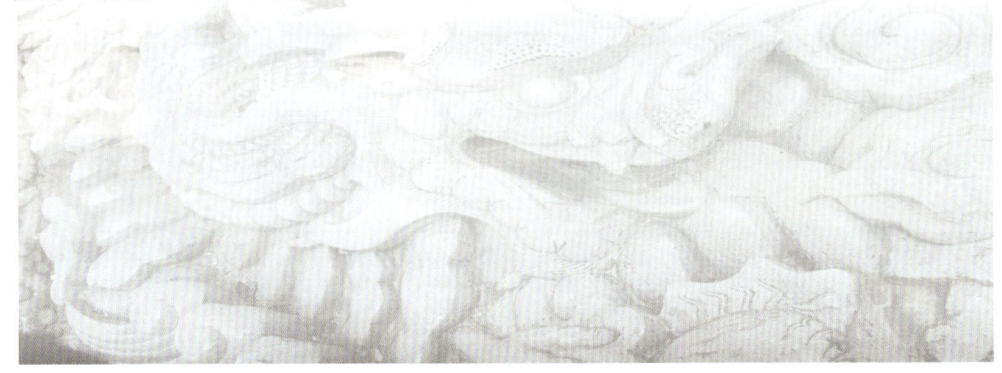

云龙　风虎

此二匾以青砖阴刻于东西垂花门外。典出《易经·乾·文言》："云从龙，风从虎，圣人作而万物靓。"即龙腾云起，虎啸生风，同类事物相互感应。用以比喻君主得到贤臣，臣子遇到明君。

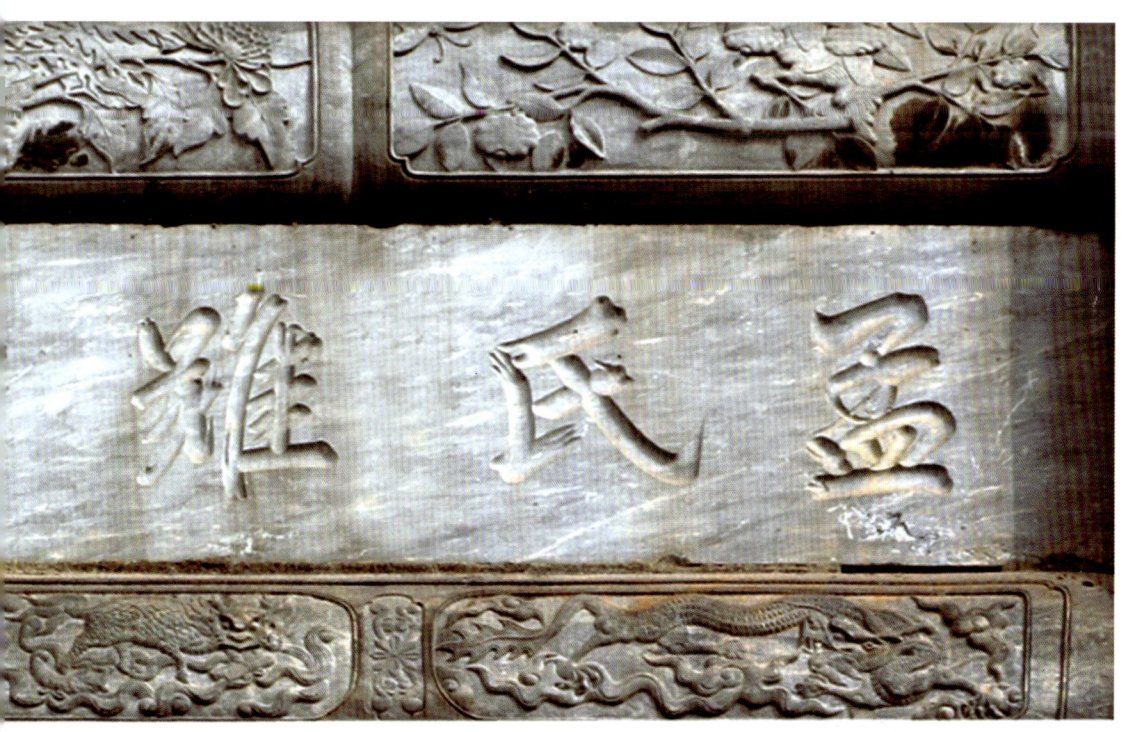

内联：护国佑民万代群黎蒙福祉
　　　集义配道千秋浩气满寰区

　　福祉：祉，福也。祉，禄也。《诗经·小雅·六月》："吉甫燕喜，既多受祉。"

　　大意是：关公护卫国家荫佑民众使历代百姓蒙恩受福；一身正气，坚守君臣之道，浩然正气千秋万载充满天地之间。

外联：西方圣人犹是东山名士
　　　后日棣萼何如前代桃园

　　西方圣人：关公生于太行山以西的山西，品德高尚，故称西方圣人。

　　东山：孔子的出生地，在山东曲阜以东20里。《孟子·尽心》："孔子登东山而小鲁。"

　　棣萼：出自《诗经·小雅·常棣》："常棣之华，鄂不炜炜，凡今之人，莫如兄弟。"后指代亲兄弟。

　　大意是：西方圣人关公可以和东山名士孔子相媲美；后来的亲兄弟却不如桃园三结义的友情。

题额：来雍至肃

出自《诗经·周颂·邕》，是周王祭祀宗庙后撤去祭品所唱的乐歌："有来雍雍，至止肃肃……"

"雍"是雍容，从容不迫。

"肃"是肃静。《诗·召南·何被禄矣》中有"曷不肃雍"的记载。

是说前来参拜关圣帝君的人都要雍容大方，态度肃静虔诚，从容不迫。

上联：圣德仰配天美媲尼山泗水
下联：真经传绝世普荫慧日慈云

"尼山泗水"在山东曲阜县境内，现指孔子的代称。

"慧日"是说佛之智慧无所不照。

"慈云"《鸡跖集》写道："如来慈云如彼大云，荫注世界。"比喻佛之慈心大于云。

大意是：关公与天地共存的圣人之德可与孔子相提并论；将真经《春秋》传于后世就如佛之智慧和慈心恩泽世人。

题额：威灵显赫

　　关公神威灵佑，显赫天下。

上联：仰龙德而瞻凤姿乃神乃圣
下联：本麟经以树骏烈允武允文

　　龙德凤姿：《南史·王僧虔传》有"于时王家中，优者龙凤，劣者虎豹"的记载。指关公的高尚品德和威武仪态。

　　麟经：孔子修《春秋》，绝笔于获麟，后遂把《春秋》称为"麟经"。

　　大意是：仰慕关公高尚的品德和威武的仪态是神仙更是圣人；思想上遵循《春秋》中的"纲常"，行动上勇猛威武是能文能武的一代英豪。

题额：履中蹈和优入圣域

　　这里"蹈和"指循规蹈矩。是说关公一生践行着中庸之道，循规蹈矩，自然从容地到达了圣人的境域。

仁民　爱物

此二匾位于马王殿东西腰门上。影响中国几千年的儒家思想的核心内容是"仁""爱"，而山陕会馆装饰所宣扬的主题与之相辅相成。

内联：止知臣道当然一心翼汉
　　　乃履神庥无量千载佑民

臣道：指与刘备的君臣手足之情，也指关公的忠君思想。

大意是：只知道遵守作为臣子的道德当然会一心辅佐汉室；关公光照日月的神灵会千载护佑民众。

外联：任勇义刚皇汉当年倚柱石
　　　精忠大节丹衷永世昭日星

柱石：肩负国家重任的栋梁之人。《汉书·霍光传》："将军为国柱石。"

大意是：关公任勇忠义刚烈是蜀汉王朝的栋梁柱石；精忠报国、临危不惧的精神与日月同辉。

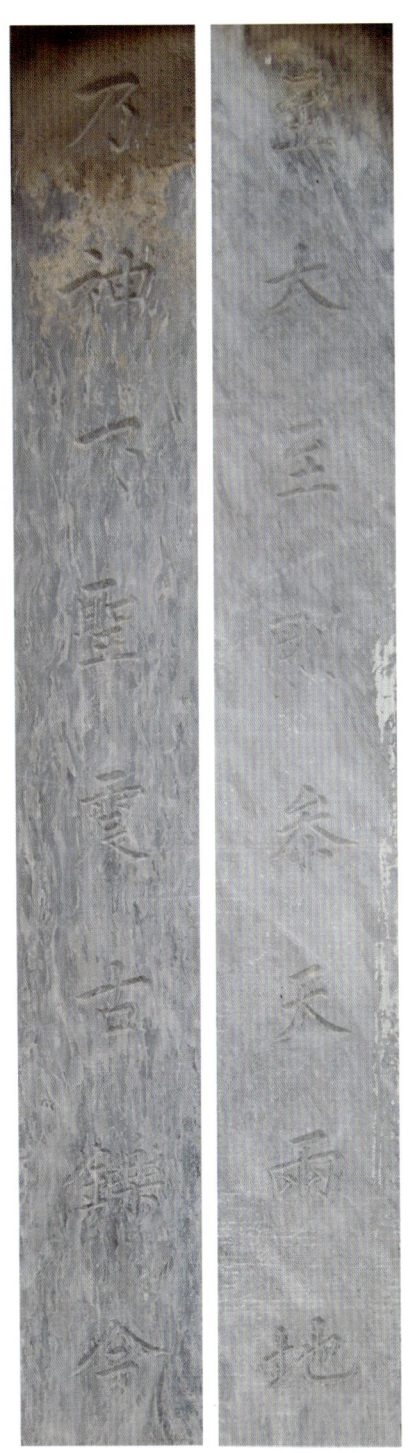

上联：至大至刚叁天两地
下联：乃神乃圣震古烁今

　　"叁天两地"是易经的立数依据。《易经·说卦》："叁天两地而倚数。"意思说为人之德可与天地相比。

　　大意是：关公至大至刚的功德可与天地相比；他既是神灵也是圣人，震撼古人也显耀今世。

冰清　玉洁

　　此二匾为木雕刻于大座殿东西侧门门楣上。典出《初学记》卷十二引《晋中兴书》："贺循冰清玉洁，行为俗表。"

宗黄　武岐

此二匾位于药王殿内。岐伯是黄帝时医德高尚的名医，《黄帝内经》正是黄帝与岐伯在探讨医理时的对话录。所以古人称医学为"岐黄之术"。在这里孙思邈效法岐伯医术的同时更敬重岐伯高尚的医德。

日之升　月之恒

典出《诗经·小雅·鹿鸣之升·天保》诗中"如月之恒,如日之升"。

浩然正气

　　此匾是当时赊旗镇十大酒作坊：永隆统、永禄美、工泉美、兴隆美、光泽公、永兴盛、德顺和、英盛涌、义诚永、荣盛大组成的酒仙社敬立。颂扬关公的浩然正气。明万历进士杨继盛（字椒山）书。

正气常临

　　此匾为大清光绪十九年（1893）橘月下瀚银色社敬立。是赊店镇清廪生李承仿所书。

英灵显著

　　此匾是大清光绪二十五年（1899）孟春月中浣大丰社敬立。颂扬关公生前为英雄，逝后成神灵，功德昭著。

山陕会馆已恢复的楹联

大拜殿内

内联　讨魏攘吴学本春秋存汉史
　　　　安仁处义道同日月近尼山

　　大意是：关公一生以《春秋》为准绳，讨伐魏国，防御东吴，忠心匡汉的功绩载入了汉史；舍身尽节，效法仁义道德，和孔子是一样的圣人。

外联　胜地居河山美轮美奂栋宇聿新佳结构
　　　　同仁联几席如兄如弟梓桑皆叙好情怀

　　胜地：江总《修心赋》中写道"实予章之旧圃，成黄金之胜地"。即名胜之地。

　　美轮美奂：战国时，晋文子家里新建了一所房屋，落成之时，晋国大夫们纷纷前来祝贺。其中一位的贺词是"美则轮焉！美则奂焉！歌于斯，哭于斯，聚国于斯！"指建筑物高大、漂亮。

　　梓桑：《诗经·小雅·小弁》："维桑与梓，必恭敬止。"是说家乡的桑树和梓树是父母种的，对它表示敬意。借指故乡。

药王殿

　　药物素有灵苦无奇方治俗病
　　王侯高不任独操仁术救人危

　　大意是：药物再灵验，也没有奇特的药方医治想升官发财的世俗之病；封王封侯都拒而不任，只想用自己精湛的医术救助危难百姓。

马王殿

　　骐骥飞驰千里顺至资启佑
　　春秋驹旺四时平安仰威灵

　　骐骥：良马、骏马。《庄子·秋水》："骐骥骅骝，一日而驰千里。"

　　资：《孟子·离娄下》："资之深，则取之左右逢其源。"指凭借。

　　大意是：好马顺行千里全凭借马王爷的佑护；骡马牲畜四时驹繁平安全仰仗马王爷的神威显灵。

 山陕会馆内遗失的楹联摘录

铁旗杆
浩气千秋昭日月
英灵万古震纲常

大拜殿内
骂使绝婚总是委心汉室
斩良诛丑岂真报效曹瞒

刚大塞乎两间气以伸而神德以盛而圣
典谟同有千古日在天之上心在人之中

馆宇辟周宾二千里星联云合到此衣冠成雅集
敦盘开洛社十九郡恭桑敬梓有时樽俎话乡情

春秋大一王拒北和东诸葛尚非知己
纲目存正统崇刘抑魏紫阳方是同心

数行辞曹书千载不朽
一支达旦烛日月争光

大义秉乾坤无愧馨香百代
精忠贯日月蕴育俎豆千秋

三国一人

　　大清道光十五年（1835）小阳月榖旦浩生社立。关羽一生可用德、才、骄三字来概括。古今历史人物中三者居其一、其二，则屡见不鲜，合三为一，又都推到极端的三国只有他一人。

龙　虎

　　两块匾额是大清同治二年（1863）十二月初二日，慈禧皇太后御笔之宝。具有很高的收藏和研究价值。

光明正大 语出宋朱熹《朱子语类》卷七三："圣人所说底话,光明正大。"歌颂关公心怀坦白,公正无私,光明磊落。

会馆内原有但已毁弃的匾额：

"名震九州"	"妙悟麟经"	"光照千秋"	"浩气磅礴"
"气吞山河"	"忠义长存"	"汉室精英"	"舆天地参"
"气势磅礴"	"志在春秋"	"忠义神武"	"正气乾坤"
"万世人极"	"威显神勇"	"浩气凛然"	"神威勇武"
"盖世英雄"	"圣神文武"	"义高千古"	"神威远震"
"气壮霄汉"	"犹入圣域"	"道衍春秋"	"震撼乾坤"
"日在天中"	"帝德广运"	"德伴文萱"	"万古精忠"

刺绣 十八学士局部

刺绣篇

清代是中国古建筑发展史上的最后一个高潮时期，社旗山陕会馆正是当时商业会馆装饰艺术发展的颠峰时期的典型代表，其会馆装饰艺术博大精深。

至今,在山陕会馆内还完好的珍藏着50多件清代刺绣装饰品,分为旗幢、绰檐、桌围等几类。这些刺绣珍品是会馆竣工时,来自本镇各个结社团体赠送的,每逢节日或重大祭祀活动时张挂于檐下、壁面、桌几四周及道路和建筑两侧的装饰物。绣品全部出自晚清民间绣工之手,特点鲜明。这些绣品幅面宽大,展开如锦绣画卷；所绣内容繁多都以人物为主，以民间传说、历史典故为题材；绣品构图得当,层次丰富,动态传神；技艺超群,针法娴熟多变；绣面设色瑰丽、浓艳,却不失典雅,极副装饰效果。绣品中"二十四孝"图、"双凤朝阳"、"二龙戏珠"桌围、"攀金五龙"桌围、"十八学士"及"群仙会"彩旗等,都是上乘的刺绣珍品。

绣品 二十四孝

绣品 二龙戏珠

绣品 五龙戏水

绣品 帷幔二龙戏珠

绣品"盘金五龙"桌围

绣品为会馆内张挂饰物，为红色丝织绣品，长5.2米，宽1.15米，是会馆竣工时盒茶社敬赠。

桌围绣面金光灿灿，中间为盘龙戏珠，左右各有一组二龙戏珠，四周是一些装饰性较强的花草图案，整体下部为云水相间，左下脚绣"盒茶社敬叩"五字，绣面做工精细，技巧娴熟，尤其是刺绣中龙的形象栩栩如生，生动逼真，显示了民间绣工高超的艺术水平。绣品曾随原河南省博物馆出展丹麦、比利时等国家，受到观众的好评。它对研究这一时期中原地区刺绣工艺具有重要价值。

绣品"十八学士"绰檐

　　此绰檐长5.03米，宽1.7米，绣品内容为唐代十八学士秉烛夜游的故事。绣品为红薄呢绣底，采用了直针、套针、戗针、席片绣、打子绣、十字绣、平金等多种针法。人物面部采用垫绣法以突出关键部位神情；衣饰大量用辑线盘金，显得富丽堂皇；衣纹、树木、花草注意了转折处明暗层次变化，采用渐变色线、退晕等手法，以强调立体感。上部披水为十二组携童郊游图，下部及两端饰绣白鹤花卉两方连续图案，显得极其精妙。下部绿色网扣、流苏。对红色主题起了很好的反衬作用。绣品左、右绣"光绪二十一年春穀旦""宝源社敬叩"等落款。整幅画面布局紧凑，设计饱满艳丽，艺术效果颇佳。

绣品"群仙会"绰檐

　　绣品长9.36米，宽1.23米，内容取材于民间群仙会传说。场景布局紧凑饱满，中间装饰以建筑、花木等图案，将各路神仙欢悦赴会的热闹景象表现得淋漓尽致。绣品为大红呢底，用色丰富，手法趋于写实。绣品共使用了直针绣、平套绣、直套绣、打子绣、辫子股、钉金、盘银、十字绣、席片绣、叠彩绣等十几种针法，以增强各部分的艺术表现力。图中各种图案比例得当，透视感强。其中动物形象用黑色加强绣面效果，画绣结合，以画补绣。使动物形象更加栩栩如生。上部披水饰供器、供果等吉祥图案，下饰白色网扣及流苏，更突出了主画面的艺术效果。

绣品"二十四孝"绰檐

此绣品为清光绪二十三年（1897）宝源社所赠,在长9.36米、宽1.23米的画面中,依次排列着"亲涤溺器""闻雷泣墓""孝感动天""行佣供母""尝粪心忧""恣蚊饱血""拾椹供亲""弃官寻母""怀橘遗亲""亲尝汤药""刻木奉亲""戏彩娱亲""单衣顺母""哭竹生笋""涌泉跃鲤""乳姑不怠""扼虎救父""扇枕暖衾""鹿乳奉亲""为母埋儿""卧冰求鲤""董永卖身""啮指心痛""为亲负米",二十四幅人物故事画面。

绣品以枣红呢为底,绣有70多个人物,人物面部均采用垫绣,凸起绣面,形如浮雕,给人以立体质感。衣纹、山石背光处转折变换暗色,戗针所绣结构线采用了双色合股、多色合股丝线,色彩丰富,丝理转折自然,同时还采用旋针、套针、直针、席片绣、辑线盘针等针法,收到较好的艺术效果。上方披水绣出自由排列的茶儿、花盆、花瓶等,下端饰绿色网扣及流苏,既轻盈飘逸,又以对比色衬托上部画面。同时把云纹、白鹤、孔雀、鸳鸯、雉鸡、楼台、亭榭及寓意吉祥的蝠（福）、桂花（贵华）、芙蓉（福荣）、如意等绣饰于其间。整体画面布局得体,设色明艳强烈,极富装饰效果,是不可多得的绣品佳作。

"二十四孝"故事

孝 感 动 天

队队春耕象　　纷纷耘草禽

嗣尧登宝位　　孝感动天地

　　传说舜的父亲双目失明，性格固执。舜的亲生母亲去世后，父亲再婚。继母是个心肠狠毒、性情奸诈的人。后来继母生了个儿子叫象。舜的父亲很喜欢这个儿子，从小娇生惯养，使象养成了傲慢奸刁的习性，象常常在父亲面前说舜的坏话。继母更是把舜视为眼中钉，多次设计要害死舜。一次舜在房顶上修理仓房，继母竟在下面放火，想烧死舜。还有一次，继母让舜到井下掏井，待舜下至井下后，继母又将井盖盖住，要闷死舜。可舜一点也不嫉恨继母，对父母亲一直非常孝顺，不管是吃的穿的总是让父母先享受。舜的孝行感动了继母，也得到乡亲们的敬佩，大家便推荐他做了部落首领。他心诚人好，对部下和臣民很爱护。那时生产非常落后，人们吃的是野果、草根、野兽，穿的是用树叶、兽皮制成的极为简单的衣服。虞舜便带领人们在历山上种庄稼。大象来帮他耕地，百鸟来帮他捉虫耘草，使人们的生活得到了改善。

那时候，尧是炎黄部落的首领，听说了虞舜的孝行，就去考察他，于是就有了"舜耕历山、陶河濒、渔雷泽，尧得之服泽之阳，举以为天子"的历史记载，据说尧送给舜九个男仆侍奉他，又把自己的两个女儿娥皇与女英嫁给虞舜做妻子，同时把帝位传给了他，让虞舜管理天下。

为亲负米

负米供旨甘　宁辞百里遥
身荣亲已殁　犹念旧劬劳

孔子学生子路，名仲由，是春秋时期鲁国人。仲由家里很穷，常常是吃了上顿没下顿，只有挖野菜、草根来充饥。仲由的父母亲年纪都已经大了，为了孝敬二老，自己时常去外出讨饭，带回家供养二老。那时候遇灾荒年，近的地方讨不到饭，仲由就到一百多里外的地方去讨，遇到刮风下雨就更艰难。到了冬季，仲由没有衣服和鞋子穿，饥饿和寒冷，身上总是冻的紫一块、青一块的，脚冻肿了，连路都走不成。仲由常昏倒在雪地里，醒来后仍然慢慢往家爬。他心里只装有父母，心想二老在家等着他讨来饭充饥呢。

后来，父母由于贫穷和疾病，相继离开了人世。仲由从此游历于鲁国，拜孔子为师，勤奋学习，后被楚国重用，成了楚国官员，整日锦衣玉帛，受到人们的尊敬和仰慕。他掌管着很多人马、战车和粮食，但他十分珍惜这些荣誉和财富，常常怀念父母的恩情，回忆过去生活的艰辛，经常教育后人应有高尚的品德。他告诫人们，父母在世时应尽心奉养，否则将会悔恨终生。

单衣顺母

闵氏有贤郎　何曾怨晚娘
尊前贤母在　三子免风霜

闵损是春秋时期鲁国人（字子骞）。他3岁时，亲生母亲就过早的去世了。父亲又为他续了个后娘，生下两个弟弟。后娘偏爱自己的两个亲生儿子，常常虐待他。到了冬天，后娘为弟兄三人缝制棉衣，给两个亲生儿子用的是棉花，而给闵子骞做的"棉衣"里用的却是芦花。一天，天上下着鹅毛大雪，寒风刺骨。父亲让闵子骞推着车子外出干活，那用芦花做的棉衣又怎能挡寒呢？闵子骞冻得身上直发抖，连路都走不成了，父亲不知情况，就斥责他偷懒，还用鞭子打他。棉衣不结实,打几下就破了,芦花飞了出来。父亲看到芦花,这才恍然大悟,知道冤枉了儿子,心理很难过,就对闵子骞说:"你后娘不疼爱你,对你太不公平,咱们把她赶走吧!"闵子骞连忙跪下劝告父亲说:"我们弟兄三人还小,后娘在,我一人衣服穿得薄点,受点委屈算什么;要是让后娘走了,我们弟兄三人都要受委屈,都要穿单衣受饥寒哪!"后娘和父亲都很受感动,从此,后娘对闵自骞像亲生儿子一样,一家人和睦相处。

后来,闵子骞成了孔子的学生,在孔子学生中以德行和颜渊并称。孔子称赞他说:"孝哉闵子骞!人不间于其父母昆弟之言。"

啮 指 心 痛

母子才方啮　儿心痛不禁
负薪归未晚　骨肉至情深

曾参是春秋末年鲁国南武城(今山东费县)人,字子舆,是孔子最器重的学生,以孝行著称于世。他的父亲去世早,是母亲含辛茹苦把他拉扯成人,为此,他对母亲十分孝顺。他们家很穷,为了维持生计,他经常到山上去砍柴。有一天曾参起的很早,带着干粮,抗着扁担,拿着斧子就上山了。快到中午时,家里来了一位客人,要找曾参,母亲不认识,心想儿子上山砍柴要到天黑才能回家,这可如何是好?她急中生智,随即将手指放在嘴里咬了一下,鲜血顿出。此时

在山上砍柴的曾参不知何故,忽觉心痛难忍,这真是母子连心啊!他预料家中有事,便急急忙忙赶回家来,跪在母亲面前询问家里出了啥事。母亲就把家里来了客人,无奈之下就咬破指头招他回来的事说了。曾参见母亲手指还在流血,十分难过。客人见状,十分感动,母啮指而子心痛,曾子的孝心是感天动地呀!

后来,曾参作《孝经》传世,后世称他为"述圣"。

戏 彩 娱 亲

戏舞学娇痴　春风动彩衣

双亲开口笑　喜色满庭闹

老莱子是春秋时候楚国人,他家住在蒙山之下,靠辛勤耕种田地生活,尽管生活并不富裕,可老莱子的品德却非常高尚,对二老双亲非常孝顺,使二老的生活很甜蜜。他七十多岁时,父母亲都还健在。为了让父母二老心情愉快不觉老,老莱子在父母面前总说自己是小孩,像小孩一样穿着花花绿绿的衣服,学着小孩说话的声音,跟父母撒娇,像小孩一样做游戏,想着法儿逗二老快乐。

有一次,老莱子见他的父母静静

地坐在屋子里,好像有点闷闷不乐的样子,就想办法给二老解闷。他到井上去挑了一但水,走到屋子里,在快到父母跟前时,假装摔倒,把水泼了一地,像小孩一样,躺在地上,涂了一脸泥水,又是哭,又是闹,二老看到他那怪模样,高兴得笑弯了腰。当时他的父母已是百岁老人,他总是这样千方百计地让二老高兴。

因为他贤名四播,楚王曾请他到朝中做官,但为了孝敬侍奉二老,他也一直没有离开父母。他这种孝敬父母的品德,被后人传为佳话,一直流传至今。

鹿 乳 奉 亲

亲老思鹿乳　身挂褐毛衣
若不高声语　山中带箭归

郯子是春秋时期郯国的国君。他少年时,对父母十分孝敬。他的父母都已老了,并且都害了眼病。听看病的先生说,喝鹿的乳汁对眼病有益。父母就想喝些鹿的乳汁,好快点治好眼病。这就把郯子给难住了,他想呀想呀,终于想出个好办法。

他跑到很远的地方借来一张鹿皮,披在自己身上,装扮成小鹿的模样,然后到深山老林里去,偷偷混到鹿群中间,取母鹿的乳汁,带回家让父母喝。

有一天,他又扮成小鹿的样子,蹦蹦跳跳地往深山老林里去。当时东方刚刚发白,有两个猎人背着箭来到深山老林。猎人发现了"小鹿",一个猎人说:"天还不亮,咱们的运气就来了,这只'小鹿'往咱嘴里送。"另一个高兴得哈哈大笑说:"快取弓箭射住它,别让它跑了。""小鹿郯子"听到猎人的笑声,猛的扭转头来一看,立刻惊出一身冷汗,眼看猎人已搭弓上箭,就要发射。郯子急了,高声喊起来:"我不是小鹿,我是郯子……"猎人听到喊叫声,立即收住弓箭,走到郯子跟前。郯子就把事情一五一十地告诉了猎人。猎人被郯子的孝心所感动,就把他们打猎时弄到的鹿乳奉送给了郯子。

郯子的孝行使当地人非常感动,后来郯地的人就推荐他当了郯国的国君。

为 母 埋 儿

郭巨思供给　埋儿愿母存

黄金天所赐　光彩照寒门

传说东汉时候有个叫郭巨的人,家住河南林县。郭巨的父亲去世早,母亲年迈体弱,儿子才刚刚3岁,家境十分贫苦。郭巨和妻子整年累月劳作,还是不够糊口。他们夫妻自己省吃省喝,总想让母亲吃好点。可母亲心痛孙子,时常把自己的一份分给孙子吃,自己则饿得面黄肌瘦,眼看就要活不下去了。郭巨就和妻子商量说:"咱家里穷,不能供养好母亲,仅有一点食物,母亲又要分给孙子吃,为了母亲能活下去,咱们该把儿子埋掉。儿子还可以再生,母亲要是饿死了,就再也不能复生啊!"

妻子不忍心失去儿子,但又可怜年迈体弱的母亲,为了保住母亲的命,无奈只好答应了。郭巨就拿着锄头到野外去挖埋儿子的坑。为了能把儿子埋的深些,免得被野狗扒出来撕坏尸身,他流着眼泪挖呀挖呀,一直挖了三尺多深,突然"当啷"一声,扒开土一看,竟挖到一个小坛子,打开坛子盖一看,哎呀!里面装的全都是黄澄澄的金子啊!金子上面还有一张纸条,上面写着一行字:"黄金一坛,赐给孝子郭巨,官府不得占取,民众不得夺用!"原来是郭巨的孝心感动了上天,才赐给他一坛黄金。自此以后,他家的日子就好过起来。

亲尝汤药

仁孝临天下　巍巍冠百王
莫庭事贤母　汤药必亲尝

汉文帝刘恒,是汉高祖刘邦的三儿子,高祖在位时被封为代王,后来继位当了西汉第二代皇帝。他的亲生母亲薄太后有病,卧床不起三年,刘恒虽然朝政非常繁忙,可他对母亲非常孝顺。常常是办完政务后,就到母亲床前无微不至地侍奉,不管是煎药熬汤,还是擦身洗背,他都是亲自动手,常常是白天顾不上吃饭,夜晚不脱衣服睡觉,长夜不合眼地照顾母亲。母亲服的汤药,他都要亲口尝尝,不冷不热,没有异味再让母亲服用。他身为皇帝下人很多,

不用他说,各宫嫔妃和宫女、太监都会诚惶诚恐地照顾好皇太后。但他认为自己母亲还是应该自己来侍奉,应报答母亲的养育之恩,不能劳累别人。他这种孝敬老人的高贵品质被后人广为传颂。

汉文帝在位时,以推行儒学孝道、爱护百姓闻名,继续执行汉初与民休息和轻徭薄役政策,兴修水利,加速发展农业生产;逐步削弱诸侯王势力,加强中央集权;并驻军北方,增强北方防御力量。汉朝由此走向安定,呈现一片富庶景象。他的儿子景帝继位后继续执行他的政策,史称"文景之治"。

行佣供母

负母逃危难　穷途贼犯频

哀求俱得免　佣力以供亲

江革是东汉临淄(今属山东)人,字次翁,因事母至孝,乡亲们都称他为"江巨孝"。

江革早年丧父,他和母亲两个相依为命,生活十分清贫。有一年,江革的母亲得了重病,加上连年战乱,乡亲们纷纷四处逃难。母亲卧床动弹不得,催促江革说:"儿啊,为母已经不行了,你不要管我,快逃命去吧,不然乱军一来,咱娘俩都活不

成。"江革泪如泉涌说："不，儿死也要和母亲死在一起。"说罢，背起母亲就往外逃去，逃难途中，他们几次遇到乱军，要杀死他们，或把他们劫走。江革总是向乱军哭诉说："我母亲年迈多病，无人奉养，我要背着她四处讨饭。要是杀了我，可怜我年迈的老母也没命了。"乱军看他这样孝顺母亲，不忍心杀他，就放了他们。后来，他们逃到了下邳，那真是一贫如洗，江革经常赤着身子光着脚，到处给人家当佣人，做苦力，来供养母亲，任着自己不吃不喝，可母亲吃的穿的一点

都不缺。母亲去世后，他在母亲坟前搭了个茅屋，住在里面一直守孝三年。

因为江革的孝行品德卓著，明帝时，举孝廉为郎，补楚国太仆。章帝初，复举贤良方正，任五官中郎将。京师的官吏贵戚仰慕他的孝行美德，纷纷给他奉书赠礼，他都辞谢不受。

拾葚供亲

黑葚奉萱闱　啼饥泪满衣
赤眉知孝顺　牛米赠君归

西汉末年有个叫蔡顺的人，以侍奉母亲十分孝顺而闻名。蔡顺很小的时候，父亲就去世了，母子二人生活非常艰苦。这一年遭遇王莽战乱，土地荒芜，粮食颗

粒无收,眼看母子二人饿的活不下去了。蔡顺就让母亲在家,他外出去讨饭,把讨到的食物带回家让母亲吃,自己吃些残菜败叶充饥。有一天,他外出讨饭,走到一棵桑树下,见地下落有不少的桑葚,便拾起来,将黑色的桑葚和红色的桑葚分别放在两个讨饭碗里。当时,因不满王莽暴政,很多人起义造反,有一只起义大军叫赤眉军。这时,正好有一只赤眉军路过这里,见蔡顺将黑、红桑葚分开放的举动,很好奇,就问他为什么要这样做。蔡顺说:"黑色的桑葚是熟透的果子,发甜好吃,带回家奉给母亲吃;红色的桑葚没有熟透,吃着发酸,自己可吃这充饥。"赤眉军怜悯蔡顺这种孝敬母亲的诚心,就赠给他白米一斗,牛蹄一只,让他带回家去奉献给母亲,以示敬意。

母亲去世后,蔡顺因为侍母至孝的高尚品德,被推举为孝廉,官府让他出去当官,可他为了照护好母亲的坟地,一直没有外出。

扇枕温衾

冬月温衾暖　炎天扇枕凉
儿童知子职　千古一黄香

　　黄香是东汉时期江下安陆（今属湖北）人,字文疆。黄香9岁时候,母亲就去世了。他自小懂事,小小年纪就帮父亲干活,非常勤劳,读书也很刻苦,特别对父亲更是孝顺。母亲在世时,有母亲侍奉父亲的生活。母亲去世后,他非常体谅父亲,细心照顾父亲的生活。他知道父亲每天干活很劳累,为了能让父亲晚上能睡好觉,当夏季炎热的时候,他就拿扇子给父亲扇凉,晚上总是先把床上的枕、席扇凉,然后再让父亲睡；冬季寒冷时,他总是先替父亲把被窝暖热,再让父亲在热被窝里睡觉。小小年纪的黄香就这样体贴父亲,孝顺父亲。他的孝行传遍了四里八乡,江夏太守刘护听说后,特意向朝廷上表,表彰黄香的孝行品德。

　　黄香不仅孝行品德出众,而且博学经典,文才出众,当时的京师曾流传说:"天下无双,江下黄香。"安帝时,黄香曾任魏郡太守。当时魏郡遭受水灾,他就以自己的俸禄和各级的赐银来赈济灾民,受到全郡百姓的爱戴和敬仰。黄香的文章写的也好,著有《九宫赋》《天子冠颂》等文章传世。

刻 木 奉 亲

刻木为父母　形容在日时
寄言诸子侄　各要孝亲闱

东汉时期有个人名叫丁兰,幼年时父母就相继去世了。丁兰常常思念父母的养育之恩,总为自己没能亲自奉养父母而懊悔不已。他常常想的出神发痴,半夜醒来也呼唤父母,甚至跑到父母坟上大哭一场。后来,为了能使自己亲自奉养父母的心愿得偿,他就用木头雕刻了父母的像,供到正屋中央,就像父母还活在世上一样恭敬奉养,每到吃饭时都要为父母的木像端吃端喝,平时一有空就对着木像跟父母说话。刚开始的时候,他妻子还能体谅他一心想奉养二老的心愿,后来时间长了,妻子见他日日如是,就感到不以为然,对父母的木像也不太尊重了。一日,丁兰外出干活,妻子在家做针线,想到丈夫对父母木像的认真劲儿,就戏用衣针刺了一下木像的手指,哎呀! 真是奇了,只见木像的手竟然会有血渗出来。丁兰干活回来,又像往常一样到木像跟前给父母说话,不知怎的,真是碰上千古奇事,木像双眼中竟会有眼泪流出来。丁兰十分惊异,就向妻子询问原由,妻子只好将实情相告。丁兰为妻子对父母的不恭敬行为非常生气,当即把妻子休出了家门。

董 永 卖 身

葬父贷父兄　仙姬陌上逢
织缣偿债主　孝感动苍穹

　　相传董永是东汉时期人,年少时母亲就去世了,家里很穷。到他父亲去世的时候,没有一分钱埋葬他父亲,他只好卖身当长工,贷钱把父亲埋葬了。当他到财主家抵债干活时,路过一个叫槐荫的地方,迎面走来一个天仙般的少女,拦住董永的去路,要求与董永结为百年之好。董永的家里穷,早已到了成婚的年龄,可哪有钱成婚呐？如今见这样美貌的少女向自己求婚,心理当然愿意了,那时候礼数严,要成就婚事得有老人主婚。仙女就招来当地的土地爷主婚,二人在槐荫树下撮土为香结成了夫妻,相约到了财主家。财主一见仙女这般美貌,就心生歹念,故意刁难董永,让织女一月之内织绢300匹,为董永抵债。要是织不完就让织女留下。谁知织女一夜之间就完工了,夫妻高高兴兴地回家去,当走到当初相见的槐荫树下时,忽听仙乐齐鸣,仙女被召回天宫,依依辞别董永而去。原来是董永的孝心感动了上天,才让仙女下凡来帮助董永偿还了卖身债。后来人们根据董永的这段奇遇,编写了戏剧《天仙配》,世代传唱。

涌 泉 跃 鲤

舍侧甘泉出　一朝双鲤鱼

子能事其母　妇更孝于姑

东汉时期有个叫姜诗的人,取妻庞氏,夫妻二人对父母都很孝顺。他们居住的地方离江边七八里路,母亲喜欢饮用江中的水,儿媳就每天到江中打水回来供婆婆饮用,不管刮风下雨、酷暑寒冬,从不间断。母亲生性还有食鱼肉的嗜好,姜诗和妻子就想办法常到江中捉鱼,回来后精心做给母亲吃,母亲一次吃不完,姜诗夫妇总是叫来邻居家的老大妈陪母亲吃。姜诗夫妻俩的孝心感动了上天,一日,夫妻二人在屋后挖土,忽然间一股泉水流出,泉水甘甜和江水一样。这时,从泉水中又跃出两条鲤鱼来。母亲品尝了泉水和鲤

鱼,连声称好。从此,泉水长流不断,并且每天都有鲤鱼跃出,省去了他们每天到江边打水捉鱼的劳苦。

一天,赤眉大军经过姜诗的村庄,听说了夫妻孝敬父母的事,没有骚扰他们村庄,还赠给姜诗家米肉说:"打扰了这样的大孝人,必然会受到神鬼的惩罚"。

怀 橘 遗 亲

孝悌皆天性　人间六岁儿

袖中怀绿橘　遗母报乳哺

　　东汉末年有个小孩叫陆绩,家居吴县。这年他刚刚6岁,小小年纪就知道尊敬孝顺父母。一次他随父亲一同外出,去拜见当时割据扬州一带的大将军袁术。袁术很热情,拿来橘子招待他们。陆绩舍不得吃,趁大人们不注意,便藏了两个在袖子里。当父亲带他辞别袁术时,陆绩也跪在地上谢礼,这时袖子里的橘子滚落在地上。袁术说:"你这个孩子小小年纪,来我这里做客,为什么偷拿我的橘子呢?"陆绩跪在地上回答说:"我母亲生性最爱吃橘子,我自己不吃,拿两个回去送给母亲。"袁术深感惊奇,不但没有责怪他,还哈哈大笑说:"小小孩童难得一片孝心。"随即赠送橘子一筐,让陆绩带回家给母亲。

陆绩长大以后,曾任吴国的郁林太守,精通天文算术,作《浑天图》,注《易经》,撰《太玄经注》传于后世。

闻 雷 泣 墓

慈母怕闻雷　冰魂寄业台
阿香时一震　到墓饶牵回

王裒是晋朝营陵人,字伟元,博学多才。他的父亲王仪魏朝时在京城做官,因不满司马昭篡夺魏权,被司马昭杀害了。王裒就隐居乡下,以教书为生。因为当时的京城在他家的西面,为此,他平时起坐从不面向西,以表示不做晋臣的决心。

他父亲被杀害后,母亲忧思成疾,不久也去世了。因为家贫就葬在附近的山林里,母亲在世的时候,在野外遭遇过雷电的袭击,害了一场大病,后来便有了恐惧症。每当听到雷声,她就非常害怕躲在屋子里,禁闭房门不敢出去。母亲去世后每当风雨大作、雷声将要响起时,王裒便急忙冒雨奔向母亲的坟墓,跪在坟前告慰母亲说:"裒儿在此母亲不要害怕。"以此来安慰母亲的亡灵。在他教书的时候,一读到《蓼莪》篇,他都要涕泪交流,思念父母,可见他对父母的虔诚孝意。

哭 竹 生 笋

泪滴朔风寒　萧萧竹数竿
须臾冬笋出　天意包平安

孟宗是晋朝时吴地江夏鄂城人,字恭武,少年是跟随南阳李萧为师,学习经纶,以孝著称。

孟宗很小的时候父亲就去世了,母亲年迈,身体很弱,孟宗很孝敬母亲。一年冬天,母亲害了一场大病,很想吃竹笋稀粥。时值冬日,冰天雪地,哪里能寻来笋呢?孟宗没有办法,心理难过,就跑到竹林里痛哭起来,边哭边诉说母亲如何将自己养大,如今病重在床,想吃点竹笋却办不到,这怎能对得起含辛茹苦的老母亲。那凄厉的哭声在竹林里回荡,震的冬日的竹竿萧萧直响。孟宗的哭声感天动地,泪眼朦胧中,忽然发现眼前的地面松动了,不一会竟长出几根嫩嫩的竹笋。他喜出望外,急忙挖出竹笋跑回家中,给母亲做好竹笋稀粥端到床前,母亲吃后,精神好转,不久病就痊愈了。

卧 冰 求 鲤

继母人间有　王祥天下无
至今河上冰　一片卧冰模

王祥是晋朝时期琅琊临沂（今山东）人，字休微。王祥小时侯，生母就离开了人间。他的继母朱氏不喜欢他，常常在他父亲面前说他的坏话挑拨他们父子的关系，因此他父亲也常常斥责他。王祥明明知道继母对他不好，可一点也不嫉恨她，仍对父母非常孝顺。继母体弱多病很想吃点鲤鱼。大冬天，天寒地冻，王祥为了满足继母的心愿，随即跑到河上，面对冰封的河面，他毫不犹豫地解开棉衣，赤身躺在冰面上，用热身子融化坚冰。冰面终于化开了，忽然一条鲤鱼跃出融化的冰洞，落在了冰面上。王祥连忙拾起鲤鱼，跑回家中为母亲做了鲜鲤鱼汤，亲手喂给母亲吃，过了几天继母的病慢慢好了。继母听说这鲤鱼是王祥赤身卧冰求来的，感动得抱着王祥痛哭了一场，从此以后对王祥像亲生儿子一样。

皇帝知道这件事以后，为了表彰他的孝心，给王祥封了官职，先后任大司农、司空、太尉、太保等职。传说家乡河上卧冰的地方，至今还留有痕迹呢。

扼 虎 救 父

深山逢白虎　努力搏腥风
父子俱无恙　脱离馋口中

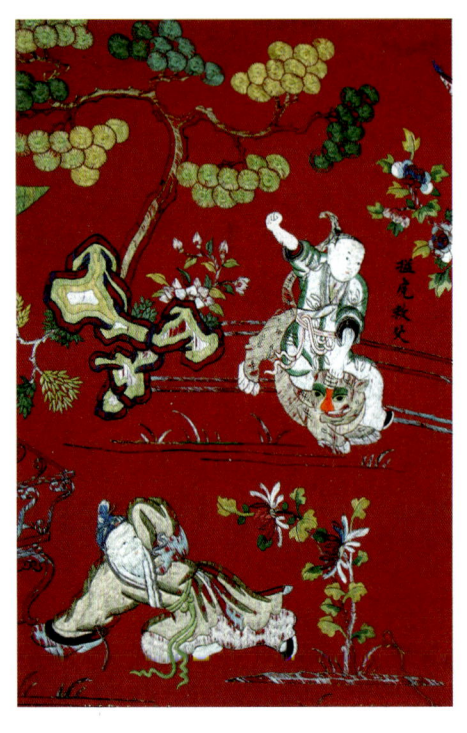

　　杨香是晋朝人杨丰之女,这年她刚满14岁。因为家无长兄,弟妹尚小,父亲身体又不太好,便经常随父亲下地去干活,小小年纪,耧犁耙锄啥活儿都抢着干,帮了父亲不少忙,也练就了一身好力气。一天,她随父亲在地里割稻子,天快黑的时候,忽然从山上窜下一只凶猛的老虎,当他们还没有反应过来的时候,老虎已将父亲扑倒在地,眼看父亲就要葬身虎口。在这千钧一发的紧急关头,杨香手无寸铁,但她心中只有父亲,勇敢地冲上前去,飞身骑到了老虎背上,用双手紧紧卡住老虎的脖子,宁死也不放手。老虎几经挣扎,终于口冒白沫而死。这时,父亲才从惊吓中清醒过来。

　　小杨香舍身救父,竟然扼死了一只凶狠的老虎,这事一下子轰动了全村。当时的皇帝也诏旌门闾,给予表彰。杨香也成了二十四孝人物中唯一一位奇女子,从而流传千古。

恣蚊饱血

夏夜无帷帐　蚊多不敢挥

恣渠膏血饱　免使入亲帏

晋朝时濮阳有个名叫吴猛的少年，只有8岁，非常懂事，从小就知道应该侍奉孝敬父母。他家里很穷，买不起蚊帐。每到夏季，父亲白天下地去干活，累得腰酸背疼，到了晚间，蚊虫叮咬，搅得睡不好觉。吴猛听着父亲在床上翻来覆去，还不时用手拍打蚊子的声音，心里很不好受。父亲劳累了一天，怎能让父亲休息的好一点呢？正在这时他的身上也被咬了一口，他正想用手去拍，忽然心中一动，想出了一个好办法。随后他就脱光了衣服，悄悄地睡在父亲床前，故意让蚊子来叮咬自己。果然，蚊子也

觉得嫩肉好吃，嗡嗡的都飞到他身上来吸血，咬得小吴猛疼痒难忍，可他坚持一动也不动，唯恐蚊虫去叮咬打扰父亲，影响休息。就这样，吴猛每天晚上坚持为父亲引蚊子叮咬自己，听着父亲酣甜的鼾声，再痛再痒心里也美滋滋的。

后来父亲发现他身上都是被蚊虫叮咬的红疙瘩，才知道事情的由来，不由得抱着孝顺儿子流下了热泪。吴猛这种至孝爱亲的高尚品德，一直在濮阳民间广为流传。

尝 粪 心 忧

到县未旬日　椿庭遗疾深
愿将身代死　兆望起忧心

南齐人庚黔娄,字子贞,祖籍南阳新野,父庚易,祖父庚玫。

黔娄少年好学,性至孝,贤命传播乡里。朝廷任命他为此陵县令。到任不到十天,当他正在处理县衙公务的时候,突然觉得心中烦闷,浑身流汗,焦躁不安,他预料家中有急事发生,便匆匆交代完公务,急忙赶回老家。果然,父亲已患疾病二日。医生诊完病情对黔娄说:"你父亲的病很重,但病因还不清楚,如果想彻底查清病因,必须尝其粪便,味苦则属良性,病情一定好转;味甜则属恶性,无药可

救。"正在这时父亲泄便,黔娄挽起袖子抓起父亲的粪便就尝,只觉得味甜而滑,当即两腿一软,倒地痛哭起来。夜晚,他跪在庭院虔诚的北拜星辰保佑父亲健康,情愿自己代替父亲死去。但没过几日父亲还是被病魔夺去了生命。黔娄埋葬完父亲后,就在父亲的墓前搭了间茅屋,一直守孝三年,被后人称为大孝之人。

因其贤名四播,后来他又被朝廷任命为西台尚书仪曹郎、益州府长史、中军记事参军、散骑侍郎等官职。

乳 姑 不 怠

孝敬崔家妇　乳承辰舆梳
此恩无以报　愿得子孙如

崔山南是唐朝博陵人,字从伟,父亲崔颐,父子二人皆有才,曾同任次使之职。这里要说的是崔山南的祖母和曾祖母的故事。

崔山南的曾祖母为长孙夫人,当时年事以高,满嘴牙齿都掉完了,而且患有疾病,身体很虚弱,吃不下饭。崔山南的祖母为唐氏夫人,对婆母非常孝顺。当时她刚生过孩子,看到婆母身体虚弱又没有牙齿,每天只能喂点稀饭,身子一天天消瘦,眼看生命垂危,心里非常着急。什么办法都用遍了急的她直掉眼泪。后来,她从孩子吃奶受到启发,兴许让婆婆吃点奶水会好点。于是她先梳好头发,将身子洗干净,然后来到婆母床前,将奶水挤给婆母喝。果然婆母喝得很香甜,也有了点精神。唐氏夫人很高兴,从那以后每天她都到婆母床前给婆母挤奶喝。本来她的奶水供一个孩子吃还不够,如今还要让婆母喝,就只能委屈孩子。有时孩子饿得直哭,她就忍着泪喂孩子点面汤。就这样,婆母没有吃一粒饭,身体却越来越好,疾病也不治而愈。几年后,长孙夫人又患疾病,自知不治,就把全家老小叫到床前嘱咐说:"我老了,眼看不久于人世,没有办法在报答媳妇的恩德。只愿孙儿孙媳们能像唐氏孝敬我一样孝敬唐氏,我死后也就心满意足了。"

亲涤溺器

贵显闻天下　平生孝事亲
亲自涤溺器　不用卑妾人

黄庭坚是北宋时期著名文学家、书法家,字鲁直,号山谷道人,洪州分宁(今江西修水)人。治平年间进士,调叶县(今河南叶县南)尉,知太和县(今江西太和)。哲宗时,进为校书郎兼国史修编官。绍圣初,知宣州(今安徽宣城)、鄂州(今湖北武汉)。

黄庭坚虽然文名满天下,且屡任官府要职,集荣华富贵与一身,但他对母亲一直十分孝顺,尽心尽力侍奉老人。每天晚上,他总是亲自把母亲用的便盆、痰盂细心刷一边,才放心让母亲使用。他是大官,政务很忙,家里的仆妇妻小又很多,不用他动手,自然有人能够侍奉好母亲。可他认为,侍奉好母亲是儿子应尽的本分,因此母亲的衣食起居,都由他自己亲自去办,从不劳累别人。

他这种孝亲的美德被后人所称颂,一直在民间广为流传。

弃官寻母

七岁生离母　参商五十年
一朝相间难　喜气动皇天

朱寿昌是宋朝天长人,字康叔。他7岁那年,亲生母亲刘氏因受他嫡母的嫉妒和排斥,一气之下离家出走远嫁他乡。母子俩自此天各一方,50多年在也没能见面。到宋神宗在位时,朱寿昌在朝中做官,但他日夜思念亲生母亲。为了能够寻找到母亲,他辞去官职踏上了外出寻母的漫漫长途。临行前,他对家人发下誓言说:"找不到生母决不还乡。"他还刺血写完《金刚经》,表达寻母的决心。经过艰难跋涉,他从甘肃来到陕西,不知经过多少磨难,终于在渭南陕州找到了母亲和二弟,这时母亲已70多岁,满头银发了。母子相见不知是喜是悲,互诉离别50年的苦衷和思念之情。

这真是工夫不负有心人,一片孝心感苍天。苏轼和王安石曾写下诗赞美他的高尚美德。

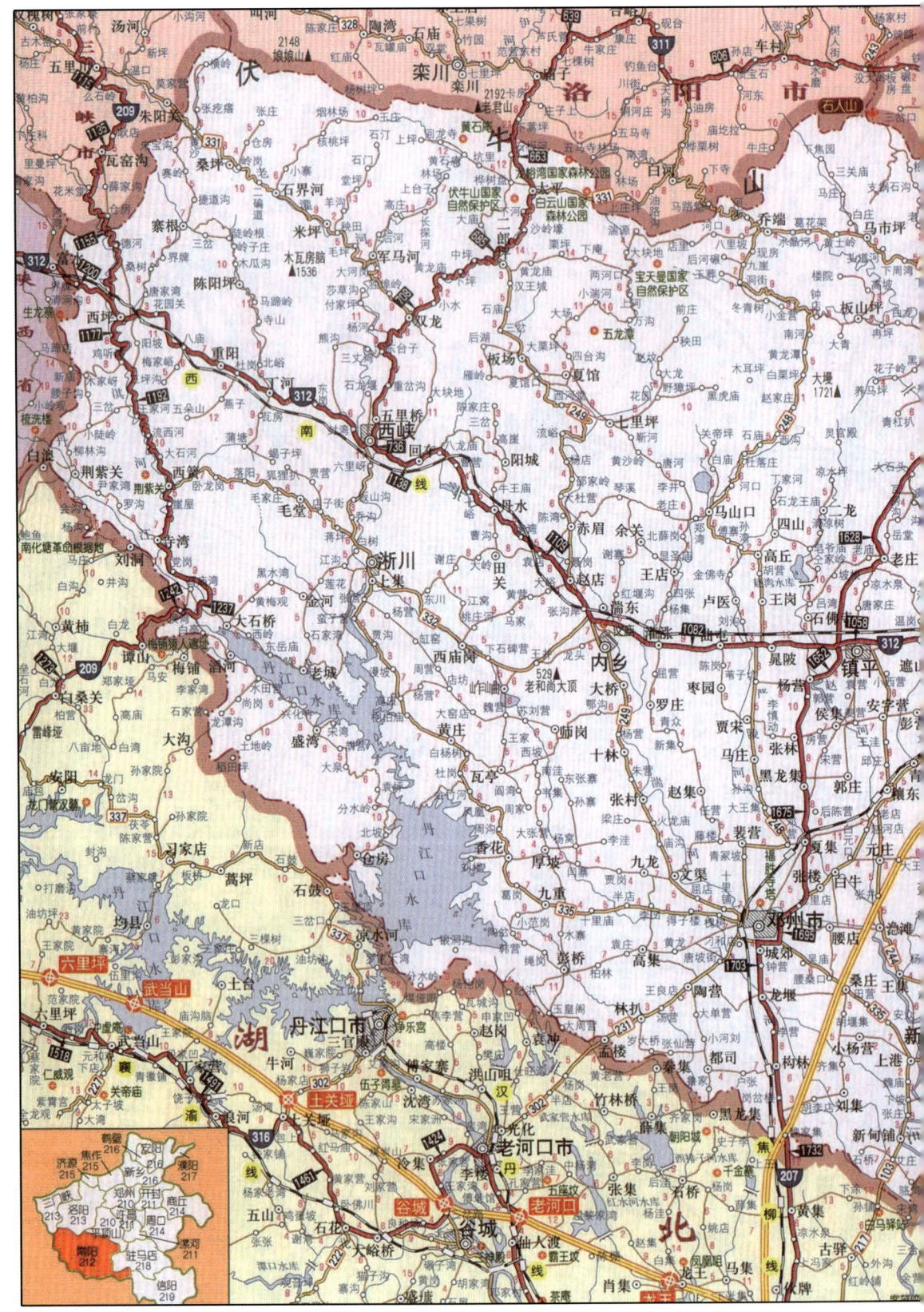

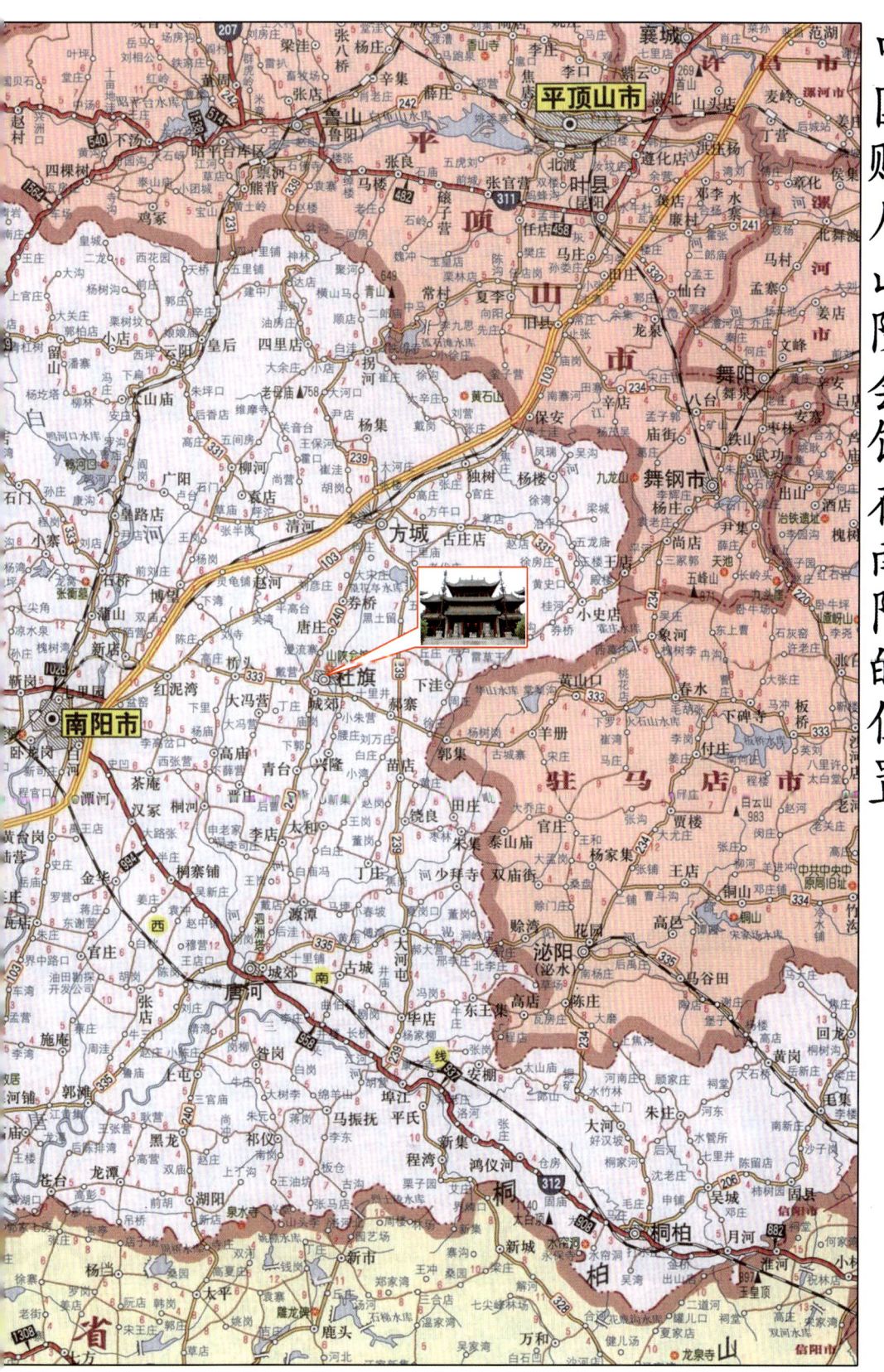

中国赊店山陕会馆在南阳的位置